FORTALECE TU AUTOESTIMA Y VIVE COMO DESEAS

Papel certificado por el Forest Stewardship Council®

MIXTO
Papel procedente de fuentes responsables
FSC® C117695

Penguin Random House Grupo Editorial

Primera edición: enero de 2023

Printed in Spain — Impreso en España

ISBN: 978-84-253-6392-4
Depósito legal: B-20.363-2022

Diseño de cubierta e interior: Penguin Random House Grupo Editorial / David Ayuso
Maquetación: Roser Colomer

Impreso en Gómez Aparicio, S. L.
Casarrubuelos, Madrid

GR63924

Lamenteesmaravillosa

FORTALECE TU AUTOESTIMA Y VIVE COMO DESEAS

Diario de ejercicios para quererte y transformar tu vida

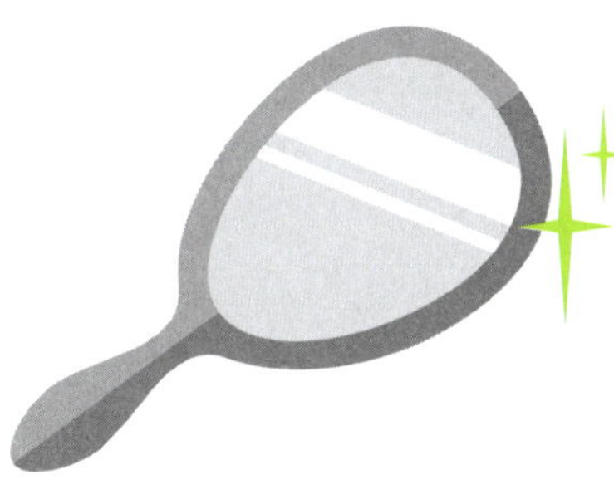

Grijalbo

ÍNDICE

PRÓLOGO

«Quererte como mereces para vivir como deseas». Parece una fórmula mágica casi imposible de creer, ¿verdad? Sin embargo, desde el campo de la psicología conocemos muy bien el papel nuclear que cumple la autoestima en el bienestar humano y en su desarrollo personal. La falta de esta dimensión es la eterna piedra en el camino que nos desequilibra. Cuando nos desvalorizamos se derrumban nuestras fortalezas y todo tiembla. Entonces, y casi sin darnos cuenta, se abren esas grietas mentales por las que se cuelan buena parte de nuestros problemas. La ansiedad, las fobias, la depresión y hasta los trastornos de la conducta alimentaria (TCA) tienen como sustrato esa falta de aprecio sincero y de visión positiva hacia uno mismo.

En *Fortalece tu autoestima y vive como deseas* queremos proponerte un viaje de regreso a casa. A ese hogar que a menudo descuidamos y que es tu autoestima. Quererte como mereces implica comprometerte con la persona más importante de este mundo: tú y solo tú. Para ello, iniciaremos un meticuloso recorrido por una serie de ejercicios a través de los cuales descubrirte, despertar fortalezas, desarrollar enfoques mentales más saludables, apagar tus miedos y librarte de etiquetas que hacen daño.

Es momento de trabajar en ti para reconciliarte con esa persona única y excepcional que se refleja cada día en tu espejo. No la descuides, no la dejes de lado, porque ella, sin duda, se merece lo mejor. Lo que siempre ha soñado.

COMPROMISO CON MI AUTOESTIMA

Mi nombre es .... y desde hoy me comprometo con el cuidado de mi autoestima. Sé que esta dimensión requiere de un trabajo diario, que habrá días complicados en los que me cueste quererme y hasta recordar mis virtudes, mis puntos fuertes y mis competencias. Sin embargo, prometo no dejarme de lado. No descuidaré mis necesidades y mi bienestar, no me infravaloraré ni permitiré que otros emborronen lo que valgo y lo que merezco. Yo soy yo, una persona buena, maravillosa y capaz de conquistar mis propias metas. Desde ahora y para siempre, cuidaré de esta dimensión psicológica tan importante para mi bienestar.

Fecha y firma:

DESCUBRIRTE: SABER QUIÉN ERES PARA LOGRAR LO QUE MERECES

Desde una perspectiva cósmica, cada uno de nosotros somos seres preciosos. Si alguien está en desacuerdo contigo, déjalo vivir. No encontrarás a nadie parecido en cien mil millones de galaxias.

CARL SAGAN

Si tuviéramos que usar una metáfora para definir la autoestima diríamos que es un faro. Es la luz que te devuelve a la orilla cuando te sientes perdido. Es la señal que, en medio del caos y la confusión, te recuerda quién eres, lo que vales y lo que quieres en la vida. Es también ese foco que parpadea en tu horizonte psicológico en momentos de oscuridad. Lo hace para indicarte una y mil veces que eres alguien digno de ser amado y que solo cuando te aceptes a ti mismo tendrás una vida plena. Todo ello hace de esta competencia una herramienta esencial para el bienestar psicológico, una brújula interna que debes desarrollar mucho más para hallar tu lugar en el mundo. Y hacerlo ahora es más importante que nunca.

Vivimos una época de gran incertidumbre. Son tantos los cambios en tan poco tiempo que nuestro «yo» se siente más vulnerable que nunca. La crisis, los vaivenes en la economía y la inestabilidad laboral ponen en jaque muchas de nuestras fortalezas psicológicas. Cuesta mucho ser fuerte cuando se tambalea todo aquello que dábamos por sentado: trabajo, relaciones, metas... Asimismo, tampoco podemos obviar el peso de la cultura digital y las redes sociales. En estos territorios dominados por la tiranía del *like* y las máscaras de los filtros, la verdadera víctima es precisamente la autoestima. Porque cuentan más las apariencias que las esencias. Las relaciones son cada vez más etéreas y cuesta lo indecible mirarse en el espejo sin encontrarse mil defectos, sin preguntarnos quiénes somos y qué nos deparará el mañana.

¿Qué puedes hacer ante este panorama? La respuesta es sencilla: debes **descubrir quién eres para tener claro lo que mereces**. Llevas demasiado tiempo sin atenderte, sin escucharte, permitiendo incluso que los demás decidan por ti. Tal vez sientas, incluso, que no tienes el control sobre muchas de las cosas que te pasan. Ahora bien, todo esto puede cambiar. Es momento de responsabilizarte de ti mismo y de desarrollar una autoestima sana. Te invitamos a realizar un recorrido por una serie de ejercicios y autodescubrimientos sensacionales que te ayudarán a aumentar tu autoestima. Te guiamos en un proceso de crecimiento personal que te acercará a la auténtica felicidad, que no es otra cosa más que **ESTAR BIEN CONTIGO MISMO**.

¿Cómo está tu autoestima? Descubre la fortaleza de tu «yo»

Sé como tú eres, de manera que puedas ver quién eres y cómo eres. Deja por unos momentos lo que debes hacer y descubre lo que haces realmente. Siente tus propios sentimientos. Di tus propias palabras. Piensa tus propios pensamientos. Sé tu propio ser. Descubre. Deja que el plan para ti surja dentro de ti.

FRITZ PERLS

La autoestima es un constructo psicológico muy personal, puesto que cada uno de nosotros construimos la esencia de nuestro «yo» con distintos ingredientes de los que no siempre somos conscientes. En nuestros escenarios mentales tomamos un registro de aquí y allá para crear la persona que somos. Lo hacemos casi sin darnos cuenta de que muchas de las cosas a las que damos importancia son, en realidad, material radioactivo para nosotros mismos. Es decir, nos hacen daño. Ejemplo de ello es dar relevancia a esos comentarios, en apariencia inocentes, que nuestro padre o nuestra madre siempre nos hacían cuando éramos niños: «Mira que eres lento», «Mira que eres despistado», etc.

Esta dimensión tan importante para tu bienestar se nutre de todo aquello que te dices a ti mismo. También se alimenta de cada experiencia que vives y de cómo la interpretas. Además, buena parte de la autoestima se construye con esos mensajes, frases y etiquetas que otros —padres, madres, abuelos, profesores, amigos...— te dirigen desde tu infancia. Y más importante aún... lo que crees que los demás piensan de ti te determina de forma ineludible. Todo ello conforma un lienzo interno que, en determinadas épocas, puede ser luminoso y saludable. Sin embargo, en otros momentos puede evidenciar múltiples claroscuros y poner en jaque tu salud mental.

Así que vamos allá. Empecemos nuestro recorrido con una serie de preguntas muy básicas y un cuestionario, para valorar cómo está hoy tu autoestima. Tómate tu tiempo, reflexiona y sé sincero a la hora de responder.

¿Qué piensas de ti, cómo te definirías?

¿Cómo te sientes últimamente contigo mismo?

¿Te sientes satisfecho en el punto en que se encuentra tu vida ahora?

Recuerda la última situación problemática a la que has tenido que hacer frente. ¿Has puesto en duda tus fortalezas a la hora de resolverla?

CUESTIONARIO DE AUTOESTIMA

- ☐ **A.** Muy de acuerdo
- ☐ **B.** De acuerdo
- ☐ **C.** En desacuerdo
- ☐ **D.** Muy en desacuerdo

1. Siento que soy una persona digna de aprecio, al menos tanto como los demás.

☐ A ☐ B ☐ C ☐ D

2. Sé que tengo buenas cualidades y que puedo lograr muchas de las metas que me he propuesto.

☐ A ☐ B ☐ C ☐ D

3. Soy una persona asertiva y sé poner límites a lo que me hace daño.

☐ A ☐ B ☐ C ☐ D

4. Me gusto tal y como soy. Tengo una actitud positiva hacia mí mismo.

☐ A ☐ B ☐ C ☐ D

5. No me cuesta hablar sobre mis sentimientos y necesidades.

☐ A ☐ B ☐ C ☐ D

6. Me obsesiono bastante con lo que los demás puedan pensar de mí.

☐ A ☐ B ☐ C ☐ D

7. Me siento mal cuando me miro en el espejo.

☐ A ☐ B ☐ C ☐ D

8. Me gustaría poder sentir más respeto por mí mismo.

☐ A ☐ B ☐ C ☐ D

9. Necesito que los demás me validen o me den mensajes positivos para sentirme bien.

- [ ] A
- [ ] B
- [ ] C
- [ ] D

10. A veces creo que no tengo ningún control sobre mi vida.

- [ ] A
- [ ] B
- [ ] C
- [ ] D

Interpretación del cuestionario de autoestima

La metodología a la hora de evaluar cada respuesta sigue las siguientes pautas: debes sumar en cada pregunta los puntos que se indican a continuación partiendo de la opción que hayas marcado.

Preguntas del 1 al 5

A - 4 puntos
C - 2 puntos
B - 3 puntos
D - 1 punto

Preguntas del 6 al 10

A - 1 punto
C - 3 puntos
B - 2 puntos
D - 4 puntos

Valoración del test

De este modo, y una vez contabilizados los puntos, pasamos a valorar el resultado final basándonos en estos tramos:

- Si la puntuación final se sitúa entre los 30 y los 40 puntos, tendremos una buena autoestima.
- Si la puntuación final oscila entre los 26 y los 29 puntos, estaremos en una autoestima media que convendría mejorar.
- Por último, y en caso de haber obtenido 25 puntos o menos, estaríamos ante una autoestima baja.

¿Cómo han ido estos dos primeros ejercicios? Si las respuestas revelan que no estás en tu mejor momento, respira que esto puede cambiar. La autoestima es como un músculo que debes trabajar cada día. Es normal que se debilite en determinadas épocas. Hay muchos factores que lo condicionan: parejas o familiares narcisistas, fracasos, decepciones o estrés o esa insatisfacción con el momento vital y social que atravesamos. Pero todo puede cambiar. Comprométete contigo mismo y trabaja las actividades que encontrarás en el libro.

La autoestima es la confianza que depositamos en nuestras propias facultades para poder controlar las circunstancias que nos rodean. Solo así podemos lograr nuestras metas. Percibirnos como personas valiosas, útiles, capaces de hacer bien las cosas, y de querernos tal y como somos, es lo que garantiza nuestro bienestar psicológico.

¿Qué dice la ciencia?

A menudo, solemos dar por sentado que las personas narcisistas evidencian una autoestima excesiva o inflada. Sin embargo, trabajos de investigación como los realizados en la Universidad de Milano-Bicocca, Italia, nos demuestran que no es así. En realidad, el narcisista está camuflando su debilidad, sus grandes inseguridades y vacíos internos. Su sentimiento de superioridad y necesidad de ser el centro de atención no es más que un mecanismo de defensa para esconder al ser débil que hay en su interior. Recuerda, una autoestima sana jamás vulnera ni busca hacer daño a nadie.

La persona que soy (aceptando mis virtudes y mis defectos) + **La persona que quiero ser (las fortalezas que puedo desarrollar)** = **AUTOESTIMA SALUDABLE**

RESPONDE CON VERDADERO (V) O FALSO (F)

Desarrollar la autoestima requiere:

1. Conocerte ☐
2. Tomar conciencia de tu potencial y de tus limitaciones ☐
3. Sentir que eres mejor que cualquiera ☐
4. Tener muchos amigos que te digan cuánto vales ☐
5. Aceptarte de manera incondicional ☐
6. Quererte y respetarte ☐
7. Lograr que absolutamente todos te quieran y admiren ☐
8. Responsabilizarte de tu bienestar de manera proactiva ☐
9. No dudar de ti nunca ni encontrarte ningún defecto ☐
10. Construir relaciones satisfactorias con los demás ☐
11. Cuidar de tus necesidades emocionales, psicológicas y físicas ☐

Solución: Las cuestiones falsas son la 3, la 4, la 7 y la 9.

Reflexiona

¿Qué podrías hacer hoy para potenciar la dimensión número 6 del anterior listado? Piensa en ello, escríbelo y no lo dudes... ¡Llévalo a cabo! ....

La estrella oxidada que hay en ti: cómo recordar lo valioso que eres

El que tiene fe en sí mismo
no necesita que los demás crean en él.
MIGUEL DE UNAMUNO

Dicen los astrónomos que el 97 % de la masa de nuestro cuerpo comparte la misma materia que la de las estrellas. En tu interior, se traza una historia cósmica única y excepcional. Hay trocitos de las galaxias en cada fibra de tu ser, en cada partícula de calcio de tus huesos. Estás hecho para brillar; sin embargo, la vida, tus circunstancias y hasta tu enfoque mental te han hecho olvidar lo valioso que eres. La sociedad a la que perteneces y que determina e incluso las personas que te rodean pueden emborronar y llegar a oxidar tus potenciales, tus sueños y fortalezas internas.

Las personas de tu entorno —tu familia, profesores, amigos, compañeros de clase, colegas de trabajo y, sobre todo, tus parejas— actúan como **constructores** o **destructores** de tu autoestima. Pueden mejorar o debilitar por completo la percepción que tienes de ti mismo.

El ejercicio que te proponemos a continuación consiste, en primer lugar, en recordar esos mensajes destructivos de la autoestima que algunas personas han inoculado en ti. El objetivo es racionalizarlos para restarles valor. Es necesario detectarlos y lograr que dejen de tener poder en tu mente, puesto que, en muchos casos, actúan como auténticos agujeros negros para tu bienestar psicológico. Recuerda mensajes como, por ejemplo: «Hay que ver lo torpe que eres, nunca llegarás a nada en la vida» o «Nunca vas a gustar a nadie».

Escríbelos y después, táchalos. Retira su presencia de tu memoria reformulándolos de manera positiva: «Soy una persona válida que ha logrado muchas cosas en la vida», «Me gusto a mí mismo/a y gusto a las personas que me importan». Solo cuando hayas detectado y **transformado esas narrativas negativas** que otros proyectaron en tu persona, **saldrá a la superficie lo mejor de ti**. Empieza hoy mismo esa labor con esta sencilla tarea:

Escribe los mensajes destructivos que ciertas personas te han dirigido alguna vez y reformúlalos en positivo.

MENSAJE	REFORMULACIÓN EN POSITIVO
Eres demasiado tímido/a, nunca lograrás nada.	No soy tímido/a, soy una persona introvertida y hasta el momento eso no ha supuesto ninguna limitación en mi vida. Me gusta cómo soy.

A continuación, es momento de recordar **tus valías**, ese brillo interno que hay en ti y que ya has demostrado infinitas veces en el pasado. Tú no eres lo que ciertas personas dijeron de ti con mala fe. Eres tu potencial, eres tus batallas ganadas en el pasado y los sueños que te faltan por cumplir.

Así que, adelante, reflexiona sobre las siguientes cuestiones y respóndelas.

MENSAJE	REFORMULACIÓN EN POSITIVO
Nunca serás capaz de dejarlo.	Logré superar una relación de pareja tóxica y dependiente. Aprendí mucho de esa experiencia y ahora tengo muy claro lo que quiero y lo que no quiero.

LAS FORTALEZAS INTERNAS QUE HAY EN MÍ Y QUE DEBO RECORDAR

Recuerda esas situaciones en tu vida en las que confiaste en ti y aquello que te propusiste salió bien.

Piensa en todos esos momentos en que te has sentido orgulloso de ti mismo.

Enumera las vivencias más hermosas que has tenido. Piensa en lo que hiciste para que esos instantes tan bellos fueran posibles.

«No debemos permitir que las percepciones limitadas de otras personas nos definan».

VIRGINIA SATIR

Inventario del autoconcepto

Todos los seres humanos ideamos algún mecanismo que nos permite, al despertarnos cada mañana, estar seguros de que somos la misma persona que se fue a dormir la noche anterior.

GORDON W. ALLPORT

¿Has oído hablar del autoconcepto? Es muy posible que sí. Pero también es posible que tengas una idea equivocada porque, aunque se complementan mutuamente, muchas veces se suele confundir esta dimensión con la propia autoestima y, en realidad, no son lo mismo. Por ello, es interesante clarificar conceptos antes de empezar:

- Autoestima: cómo te sientes contigo mismo.
- Autoconcepto: percepción y conjunto de creencias que tienes de ti mismo sobre cómo eres.

Si quieres convertirte en una persona segura, resolutiva y feliz contigo misma, debes cuidar y atender las dos dimensiones. Son las raíces de tu bienestar psicológico; te permitirán recordar quién eres en cada circunstancia para que siempre te guíes por tu esencia. Solo cuando tengas claro ese mapa de constelaciones interno podrás navegar por la vida con mayor seguridad. Será como disponer de una brújula bien calibrada para tomar mejores decisiones y disfrutar mucho más de tus relaciones.

He aquí unas cuantas preguntas que puedes hacerte para profundizar en tu autoconcepto:

¿Qué pienso sobre mí? ¿Qué es lo que me define? ¿Cómo creo que soy? ¿Cómo me veo? ¿Cómo creen que soy los miembros de mi familia, mis amigos, mi pareja y mis compañeros de trabajo? ¿Qué piensan de mí los demás? ¿Cómo me gustaría ser?

Otro modo de tomar contacto con tu autoconcepto es mediante un pequeño inventario que ahora te presentamos. Te servirá, entre otras cosas, para detectar posibles desajustes de tu propia persona que requieren atención como, por ejemplo, tomar conciencia de que te obsesiona demasiado lo que los demás piensen de ti.

Verás que en este sencillo cuestionario no hay un sistema de puntuación final. El objetivo no es obtener un número y una media para saber si tu autoconcepto es bueno o malo. El propósito es que reflexiones en cada cuestión y tengas una visión global de cómo te ves a ti mismo en este momento. Esa es la clave.

El autoconcepto es el inventario de creencias que has construido sobre ti mismo. Esas percepciones de tu propia realidad son provisionales y, a menudo, están distorsionadas. Un ejemplo sería iniciar una relación de pareja desgastante y tóxica, y acabar viéndote como alguien insignificante. Es decir, las ideas que tienes sobre tu propia persona no siempre son reales y están condicionadas por tu entorno. Por ello, es saludable y necesario hacer una revisión de tus creencias para actualizarlas, reflexionar sobre ellas y, si se da el caso, corregirlas.

AUTOCONCEPTO FÍSICO

- A. Muy de acuerdo
- B. De acuerdo
- C. En desacuerdo
- D. Muy en desacuerdo

1. Me gusto tal y como soy.

A B C D

2. Hay muchos aspectos de mi cuerpo que me gustaría cambiar.

A B C D

3. Mis inseguridades físicas dificultan mis relaciones con los demás.

A B C D

4. Pienso que si tuviera otro aspecto físico sería más feliz.

A B C D

5. Me siento bien cuando me miro en el espejo.

A B C D

Suma las puntuaciones de cada pregunta y obtén un total:

Preguntas 1 y 5

A - 5 puntos
C - 3 puntos
B - 4 puntos
D - 1 punto

Preguntas 2, 3, 4

A - 1 punto
C - 4 puntos
B - 3 puntos
D - 5 puntos

Resultado de la suma ....

Baremo

- Entre 25 y 20: buen autoconcepto físico
- Entre 19 y 15: debería mejorar mi autoconcepto físico.
- 14 o menos: la visión que tengo de mi físico es muy negativa. Debo trabajar esta dimensión de manera profunda.

AUTOCONCEPTO SOCIAL

- [ ] **A.** Muy de acuerdo
- [ ] **B.** De acuerdo
- [ ] **C.** En desacuerdo
- [ ] **D.** Muy en desacuerdo

1. Me siento diferente al resto de las personas y me gustaría ser como ellas.

   - [ ] A
   - [ ] B
   - [ ] C
   - [ ] D

2. No me preocupa demasiado lo que piensen de mí.

   - [ ] A
   - [ ] B
   - [ ] C
   - [ ] D

3. Me esfuerzo por gustar y caer bien a la mayoría de la gente.

   - [ ] A
   - [ ] B
   - [ ] C
   - [ ] D

4. Soy una persona asertiva, sé poner límites y defender mis derechos.

   - [ ] A
   - [ ] B
   - [ ] C
   - [ ] D

5. Me cuesta mucho relacionarme, y lo cierto es que me gustaría tener más amigos.

   - [ ] A
   - [ ] B
   - [ ] C
   - [ ] D

Suma las puntuaciones de cada pregunta y obtén un total:

Preguntas 1 y 5

A - 5 puntos
B - 4 puntos
C - 3 puntos
D - 1 punto

Preguntas 2, 3, 4

A - 1 punto
B - 3 puntos
C - 4 puntos
D - 5 puntos

Resultado de la suma ....

Baremo

- Entre 25 y 20: buen autoconcepto social
- Entre 19 y 15: debo mejorar mi autoconcepto social.
- 14 o menos: la visión que tengo de mi autoconcepto social es muy negativa. Debo trabajar esta dimensión de manera profunda.

AUTOCONCEPTO EMOCIONAL

- ▢ **A.** Muy de acuerdo
- ▢ **B.** De acuerdo
- ▢ **C.** En desacuerdo
- ▢ **D.** Muy en desacuerdo

1. Soy una persona valiosa.

▢ A ▢ B ▢ C ▢ D

2. Me cuesta mucho expresar a los demás lo que siento.

▢ A ▢ B ▢ C ▢ D

3. Mi diálogo interno es positivo, compasivo y resiliente.

▢ A ▢ B ▢ C ▢ D

4. Me alegro de ser quien soy.

▢ A ▢ B ▢ C ▢ D

5. Creo que en general soy un fracaso como persona.

▢ A ▢ B ▢ C ▢ D

Suma las puntuaciones de cada pregunta y obtén un total:

Preguntas 1 y 5

A - 5 puntos **C** - 3 puntos
B - 4 puntos **D** - 1 punto

Preguntas 2, 3, 4

A - 1 punto **C** - 4 puntos
B - 3 puntos **D** - 5 puntos

Resultado de la suma ....

Baremo

- Entre 25 y 20: buen autoconcepto emocional
- Entre 19 y 15: debería mejorar mi autoconcepto emocional.
- 14 o menos: la visión que tengo de mi autoconcepto emocional es muy negativa. Debo trabajar esta dimensión de manera profunda.

Valoración final

¿Qué áreas son las más problemáticas de mi autoconcepto?

En general, ¿tengo una visión positiva o negativa de mi propia persona?

¿Qué debería hacer para mejorar esos puntos más complejos de mi autoconcepto?

Registro de creencias que hay en ti

Aprendemos nuestros sistemas de creencias siendo niños muy pequeños. Luego nos movemos por la vida creando experiencias para que coincidan con nuestras creencias.

LOUISE HAY

Imagina que eres un precioso jilguero criado en cautividad desde su nacimiento. Solo conoces el mundo que contiene tu pequeña jaula. Un buen día, alguien abre la portezuela y te insta a que salgas de ese pequeño recinto enrejado. Te dice que vueles, que eres libre, pero tú te sorprendes y hasta te niegas a hacer tal cosa... Te da miedo la libertad. Te aterroriza. No sabes lo que es y la percibes más como una amenaza que como un privilegio. Es más, te echas atrás porque asumes que no sabes volar, que eso solo lo hacen esos seres que tienen alas. No tú.

Esta pequeña historia ilustra, metafóricamente, **cómo actúan las creencias en nuestra mente**. Pueden condicionarnos hasta tal punto que no nos permitan ver nuestros potenciales, que nos recorten nuestras alas, que nos pongan vendas en los ojos para no ver las maravillas que esconde nuestra realidad.

Las creencias son pensamientos a los que damos veracidad, aunque no siempre sean reales y aún menos saludables. **Aquello a lo que das valor en tu mente define tu realidad**. Esto puede limitarte o bien abrirte maravillosas perspectivas. Por lo general, una parte de tus creencias se han ido formando a lo largo de tu infancia y adolescencia al interaccionar con tus padres, compañeros de clase y profesores, y al sacar conclusiones de tus primeras vivencias. Esas experiencias tempranas a menudo tienen un gran poder y configuran tu manera de vivir, de relacionarte, de verte a ti mismo.

La buena noticia es que las creencias no son entidades fijas. Es cierto que todo lo que piensas y crees define tu realidad. Sin embargo, cuando tomas conciencia de tus propios pensamientos, tienes el poder de cambiarlos. Tú creas tu mundo partiendo de cómo piensas, por tanto, no lo dudes: haz un repaso de tus creencias y desactiva aquellas que alimentan tu infelicidad, que ponen rejas a tus sueños y recortan esas alas que te permiten ir donde tú desees.

¿Qué dice la ciencia?

Buena parte de tus creencias están dominadas por sesgos cognitivos. Estos términos fueron introducidos por los psicólogos israelíes Daniel Kahneman y Amos Tversky en 1972. Se trata de interpretaciones erróneas de la realidad que afectan a nuestros juicios y toma de decisiones. Un ejemplo de ello es el sesgo del pesimismo, el cual define esa tendencia en la que damos por sentado que todo lo que intentemos seguramente saldrá mal. Aquí tienes un ejemplo:

LA REALIDAD ⟶ **Cosas buenas que me han pasado hoy** = Algo malo que me ha pasado hoy

TU MENTE ⟶ **Algo malo que me ha pasado hoy** = Cosas buenas que me han pasado hoy

Tenlo muy en cuenta: en tu mente habitan tanto creencias positivas como creencias claramente nocivas. Sin embargo, en caso de que estas últimas tengan mayor poder en tu enfoque y manera de interpretar el mundo, tu autoestima estará siempre bajo mínimos. Son estas creencias las que deberías arrancar de tu mente como si fueran malas hierbas. Lo más importante es tomar conciencia de ellas, detectarlas, saber que están ahí. Por eso te proponemos el siguiente ejercicio.

1. Lee estos inicios de frases y continúalas con el tipo de creencia o pensamiento que te suscite cada término. Sigue el ejemplo.

- *La familia → La familia para mí es algo que debe cuidarse y respetarse bajo toda circunstancia. Aunque sé que, a veces, me condicionan de tal modo que veo limitada mi libertad.*
- *El amor es* ....
- *Cuando fracaso* ....
- *Tener una meta significa* ....

- *La felicidad es* ....
....
....

- *Cuando cometo un error* ....
....
....

- *La amistad es* ....
....
....

- *La libertad es* ....
....
....

- *El trabajo es* ....
....
....

- *La satisfacción es* ....
....
....

- *El miedo es* ....
....
....

- Mi infancia fue ...

- El sexo es ...

- Las emociones son ...

- La cobardía es ...

- Se es valiente cuando ...

- La soledad es ...

- Lo que merezco es ...

- *No es correcto que* ....

....

....

- *Soy incapaz de* ....

....

....

- *No tengo derecho a* ....

....

....

- *Es muy difícil que* ....

....

....

- *No valgo para* ....

....

....

- *No confío en* ....

....

....

- *La vida es* ....

....

....

2. Reflexiona sobre todos los pensamientos/creencias que has descrito en cada esfera personal que te hemos propuesto. Repásalos uno por uno. Después, responde a las siguientes cuestiones:

¿Piensas que alguna de esas creencias está limitando tu vida y tu felicidad?

¿De qué manera podrías reformularlas para que esas creencias fueran a tu favor y no en tu contra?

Las creencias limitantes son las alambradas que cercan tu potencial humano y tu oportunidad de ser feliz. Derríbalas siendo consciente de ellas. Detéctalas y transfórmalas. Recuerda que tú, y solo tú, eres el arquitecto de tu mente.

Clarifica tus virtudes y fortalezas

En las profundidades del invierno, finalmente aprendí que en mi interior habitaba un verano invencible.

ALBERT CAMUS

¿Qué es lo que se te da realmente bien? ¿Qué te distingue y te hace único? Para desarrollar una autoestima fuerte y saludable debes recordar, o incluso clarificar, cuáles son tus fortalezas y virtudes. Están ahí, latentes en ti, como semillas esperando germinar. Solo cuando las identifiques y tomes conciencia de tu potencial, desarrollarás una visión más positiva de ti mismo. Además, podrás desenvolverte por la vida con mayor solvencia y seguridad, sabiendo cuáles son tus cualidades. Esas que te diferencian del resto. Esas que te hacen único y valioso frente a los demás.

Aquello que se te da bien, que te identifica y define, también te aporta valor como persona. Es la psicología positiva la que sitúa el foco de atención en el campo de las fortalezas humanas. Las concibe como dimensiones clave en la autoestima y el bienestar. En 2004 los psicólogos Martin Seligman y Chris Peterson publicaron un libro titulado *Fortalezas y virtudes de las personas: manual y clasificación*. Este trabajo pretendía ser una antítesis del *Manual diagnóstico y estadístico de los trastornos mentales* y buscaba, básicamente, destacar esos talentos, habilidades y fortalezas que cada persona alberga en su interior. Asimismo, algo que querían recordarnos estas dos eminentes figuras de la psicología es que todos tenemos puntos fuertes en nuestra personalidad y registro mental que pueden florecer si nos lo proponemos.

Cuando descubres tus fortalezas tomas conciencia de que eres más resiliente de lo que pensabas más creativo de lo que habías imaginado y más valiente de lo que recordabas.

El ejercicio que te proponemos a continuación es muy sencillo. Te presentamos el conjunto de fortalezas y virtudes humanas que Seligman y Peterson definieron en su modelo. Analiza cada dimensión, reflexiona sobre ellas y señala esas áreas con las que te sientes más identificado.

- ○ AMOR
- ○ SABIDURÍA
- ○ CREATIVIDAD
- ○ APRECIAR LA BELLEZA
- ○ GRATITUD
- ○ PRUDENCIA
- ○ CURIOSIDAD
- ○ HUMOR
- ○ ESPIRITUALIDAD
- ○ HUMILDAD
- ○ JUSTICIA
- ○ LIDERAZGO
- ○ PERSISTENCIA
- ○ PENSAMIENTO CRÍTICO
- ○ AMABILIDAD
- ○ CIVISMO
- ○ HONESTIDAD
- ○ PERDÓN
- ○ AUTOCONTROL
- ○ ESPERANZA
- ○ INTELIGENCIA SOCIAL
- ○ GANAS DE APRENDER
- ○ VALENTÍA
- ○ ENTUSIASMO

A continuación, siguiendo el ejemplo, escribe cada fortaleza y virtud con la que has sentido afinidad, y piensa en esas situaciones en que has demostrado dichas características.

VEINTIUNA PREGUNTAS PARA CONOCERTE

1. ¿Cuáles son tus valores más sólidos?

2. ¿Qué esperas de la vida?

3. ¿Qué es lo que te hace más feliz?

4. Escribe cinco adjetivos que te describan.

5. Haz una lista de cinco posesiones que definan quién eres y lo que te apasiona.

6. Pide a familiares y amigos que te digan qué es lo mejor de ti.

7. ¿Qué experiencias te han aportado los mayores aprendizajes de tu vida?

8. ¿Qué aspectos de tu personalidad crees que destacan más y te definen mejor?

9. Enumera todo aquello por lo que te sientes agradecido.

10. Si te comparas con otras personas que conoces, ¿en qué eres especialmente bueno?

11. ¿Qué cosas te hacen perder la paciencia y con cuáles eres más paciente?

12. ¿A qué figuras históricas, científicas o culturales más admiras?

13. ¿De qué manera has mejorado como persona en los últimos cinco años? ¿Cómo ha ayudado esto a dar forma a quien eres hoy?

14. ¿Qué estás intentando afrontar, resolver o mejorar ahora mismo en tu vida?

15. ¿Crees que has dejado atrás alguno de tus sueños por la presión de otras personas? Si es así... ¿te gustaría conquistar esas metas vitales?

16. ¿En qué tres cosas sueles pensar más a diario?

17. ¿Cómo te gustaría que fuera tu vida dentro de diez años? ¿Crees que estás haciendo algo hoy para lograr esas metas futuras?

18. ¿Quién crees que te conoce mejor?

19. ¿Qué tipo de experiencia no volverías a repetir?

20. ¿Qué es lo que, instantáneamente, hace que tu día sea mejor?

21. ¿Cuál es la decisión más importante que has tomado hasta ahora?

La persona que quiero ser: el arte de visualizar mi mejor versión

El mayor privilegio de la vida
es convertirte en quien eres de verdad.

CARL JUNG

El trabajo que has realizado hasta el momento te habrá permitido descubrir o recordar varias dimensiones de ti mismo; clarificar la persona que eres. Ahora, es momento de proyectarte hacia el futuro, de reflexionar sobre quién deseas ser. Recuerda que eres el autor de tu vida y, por tanto, es decisivo que sepas hasta dónde quieres llegar. Cuentas con importantes recursos internos, así que para saber quién quieres llegar a ser describe, o dibuja si lo prefieres, esa versión futura de ti mismo que habrá conquistado muchas de las metas que te has propuesto.

TRANSFOR-MARTE: CÓMO LOGRAR TU MEJOR VERSIÓN

La curiosa paradoja es que, cuando me acepto tal y como soy, entonces puedo cambiar.

CARL ROGERS

¿Eres lo que quieres ser o eres lo que los demás esperan que seas? Siempre llega un momento en que debes decidir, tomar conciencia de hacia dónde deseas dirigir tu vida. Lo más probable es que tengas infinitos sueños en mente, pero puede que te boicotees a ti mismo diciéndote a menudo que tus trenes ya han pasado. Es posible que hayas pasado parte de tu día a día satisfaciendo expectativas ajenas y, ahora, cuando por fin has cortado ese cordón umbilical que te unía a presencias tóxicas y negativas, tengas muchas dudas sobre cómo empezar. Es normal. Porque todo proyecto para lograr lo que uno quiere está lleno de inseguridades. Necesitas aunar fortalezas, templanzas y nuevas competencias para permitir que salga a la luz tu mejor versión.

Lograrlo, dar paso a tu transformación personal, es como ir cambiando pieles poco a poco. Retirar estratos mentales que no te eran útiles es una tarea necesaria que te permitirá dar forma a alguien más competente en materia psicológica. Nacemos siendo individuos con un enorme potencial y debemos evolucionar hasta convertirnos en las personas que deseamos. A continuación, te proponemos una serie de ejercicios que pueden ayudarte en ese proceso interno.

A veces nos focalizamos más en la persona que «deberíamos ser» y no tanto en la que «deseamos ser» de verdad.

¿Cómo dominar a tu crítico interno? Hablarte bien para vivir mejor

Puedes elegir ir hacia la seguridad o avanzar hacia el crecimiento. El crecimiento debe ser elegido una y otra vez; el miedo debe superarse una y otra vez.

ABRAHAM MASLOW

El modo en que te hablas a ti mismo te define. Si lo haces con desprecio, cuestionando tu potencial y creyéndote menos que los demás, te estarás convirtiendo en tu peor enemigo. Es importante que tengas en cuenta algo: no vives únicamente en este mundo, rodeado de tu gente, del ajetreo de una ciudad y de un entramado social que te influye de muchas maneras. También vives en el interior de tu mente. Y ese universo interno está dominado por tu propia charla, por ese diálogo íntimo y personal que nunca calla y que no siempre actúa como tu mejor aliado. Ese rumor conversacional incesante puede cambiar tu cerebro, alterar el modo en que te ves a ti mismo y destruir por completo tu autoestima.

Es él quien enciende los mecanismos de la ansiedad, el laberinto de los miedos y la trampa de la indefensión. Tu crítico interno no duda en decirte frases del tipo: «¿Cómo has sido capaz de decir semejante tontería? Eres torpe», «Ni te atrevas a intentar eso otro, eres un inútil en esos temas y lo sabes», «Fíjate en lo mal que te queda ese vestido, ya puedes echarlo a la basura porque tienes un cuerpo horrible. ¡Nunca serás como esas personas a las que sigues en Instagram!».

Te sientes tal y como piensas. De este modo, si tu diálogo interno te trata como si fueras un cero a la izquierda, lo más probable es que tu estado de ánimo siempre esté por los suelos. Es vital que domines este constructo psicológico. ¿De qué manera? Esta estrategia te será de ayuda.

Ejercicio de las tres sillas para dominar al crítico interno

En el siguiente ejercicio te proponemos VISUALIZAR tres sillas.

- **La primera es la silla del diálogo crítico.** En ella estarán todas esas frases que te dices a ti mismo a menudo y que no te ayudan a fortalecer tu autoestima. Es importante que seas consciente de cómo te hablas, de lo que te dices y expresas. No dudes en apuntarlo, en llevar un registro si lo prefieres. Después, imagínate a ti mismo sentado en esa silla y exclamando en voz alta todas esas expresiones.

Describe aquí qué frases te gritaría tu diálogo crítico:

- **La segunda es la silla del YO.** Imagínate a ti mismo ahora escuchando tu diálogo crítico. ¿Cómo te hacen sentir esas palabras? ¿Te sientes dañado, infravalorado, despreciado? ¿Te ayudan de algún modo esas frases? ¿Tienen alguna utilidad? Reflexiona sobre ello, describe cómo te hace sentir esa voz interna tan negativa.

Mi voz crítica y negativa me hace sentir...

....

....

....

....

- **La tercera silla es la de la autocompasión.** Es la más importante y a la que debes dar mayor presencia en tu mente. Tiene la voz de la sabiduría más profunda, te quiere, te respeta e intenta brindarte apoyo y buenos consejos. Lo más probable es que te dijera lo siguiente:

  «¿Por qué te hablas de manera tan severa? No te estás ayudando nada. Tal vez estás pasando por un mal momento, pero vales más de lo que piensas. Eres alguien digno de ser respetado y mereces aceptarte, quererte y hablarte de otra manera. Así que analiza todo lo que tienes que decirte y saca algo en positivo, piensa en soluciones y no en problemas. Háblate a ti mismo como hablas a la persona que más quieres, y no como a tu peor enemigo».

Ahora, escribe tú mismo un diálogo autocompasivo, el que tendrías contigo mismo tras pasar bastantes días hablándote mal y devaluándote:

RECUERDA

Todo el afecto y la consideración que le ofreces a los demás, necesitas (y mereces) ofrecértelos primero a ti mismo.

¡Fuera miedos!

El que teme que sufrirá ya sufre lo que teme.

MICHEL DE MONTAIGNE

¿Por qué tenemos miedo? A la mayoría de nosotros nos gustaría disponer de un botón modulador. Poseer algún tipo de mecanismo con el que poder reducir o incluso hacer desaparecer por completo el miedo, la inseguridad, la angustia y esos temores cotidianos que nos restan potencial. ¿Sería esto posible? Es más... ¿Sería beneficioso silenciar para siempre este instinto tan definitorio del ser humano?

La respuesta a estas preguntas es sencilla: «No». Al miedo no se le calla, se le regula. Al temor que nos advierte de los peligros y amenazas no hay que hacerlo desaparecer, hay que entenderlo y saber manejarlo en cada circunstancia. Si forma parte de nuestro código genético y orquesta gran parte de nuestro comportamiento es por algo y no podemos bloquearlo o hacerlo desaparecer por completo.

Ahora bien, también sabemos que el miedo es un recortador de la felicidad, una apisonadora que impide lograr metas y sueños, así como un enemigo de la autoestima. Cuando nos dominan los miedos más irracionales, perdemos oportunidades y nos sentimos mal con nosotros mismos. Es cierto. Sin embargo, una vez más, no olvides ser compasivo contigo mismo: la vida es tan complicada que es casi inevitable no sentir ciertas dosis de angustia en el día a día. Para regular esta emoción, la clave está en racionalizar el miedo, en desafiar los pensamientos poco útiles, en confrontar las ideas desadaptativas y fatalistas.

Ejercicio para racionalizar los miedos

Lee el siguiente listado de miedos. Al lado de cada uno escribe, razona y reflexiona sobre cómo cambiarías esa situación si añadieras un ingrediente mágico: LA CONFIANZA. Sigue el primer ejemplo.

MIEDOS	CONFIANZA
Miedo a equivocarme	Entiendo que cometer un error es algo normal. Si confío en mí aprenderé de esa experiencia para poder hacerlo mejor la próxima vez.
Miedo a defraudar a los demás	
Miedo a la soledad	
Miedo a las críticas o al qué dirán	
Miedo a ser diferente	

MIEDOS	CONFIANZA
Miedo a los cambios	
Miedo a no ser aceptado	
Miedo a que mis esfuerzos no valgan la pena	
Miedo a hacer el ridículo	
Miedo a no ser tan competente como los demás esperan	
Miedo a no poder cumplir mis metas	

MIEDOS	CONFIANZA
Miedo a no ser atractivo/a, a no gustar a los demás físicamente	
Miedo a lo desconocido	
Miedo a sentirme desbordado, a perder el control de ciertas situaciones	
Miedo a fracasar	
Miedo a perder oportunidades (trabajo, relaciones, etc.)	

Cuando confío en mí puedo crear la realidad que merezco.

¿Qué dice la ciencia?

El miedo está regulado por la amígdala cerebral, un pequeño órgano que procesa los estímulos que nos rodean. Si advierte alguna amenaza, desencadena una complejísima red de reacciones fisiológicas, como la dilatación de las pupilas, la taquicardia, la tensión muscular, etc. No obstante, buena parte de nuestros miedos no son reales, sino interpretaciones erróneas de la realidad.

RECUERDA

Los miedos irracionales están hechos de creencias limitantes. Son sesgos cognitivos que obstaculizan que puedas convertirte en la persona que deseas. El único modo de desactivar esas ideas limitantes es mediante la AUTOCONFIANZA. Solo ella te dará aliento, fortalezas y templanza para ser quien quieres ser. ¡Anímate a usarla cada día como tu mejor aliada!

¡Deja de compararte!

Ser bello significa ser tú mismo. No necesitas ser aceptado por otros. Necesitas aceptarte a ti mismo.

THICH NHAT HANH

Todos lo hacemos. Nos comparamos con los demás casi de manera constante. Y más hoy en día, debido a la permanente presencia de los móviles y las redes sociales en nuestra vida. El mundo entero parece un gran escaparate al que asomarnos a todas horas y donde se exponen virtudes, competencias y hasta cuerpos perfectos. De manera que, aunque tengamos claro que las comparaciones son odiosas, no podemos evitar poner la mirada en la persona de al lado o en la de más allá, para evaluar y evaluarnos. Fue el psicólogo social Leon Festinger quien, en 1954, afirmó que, en realidad, la comparación es un impulso natural en el ser humano. Analizamos capacidades, opiniones, imágenes físicas y hasta comportamientos por varias razones. La primera razón es para aprender. A veces, al comparar nuestras competencias con las de un experto, podemos mejorar y adquirir valiosos aprendizajes. La segunda razón es para autoevaluarnos. Aplicamos un escáner sobre nosotros mismos para ver qué nos diferencia o iguala con los demás. Y esto, evidentemente, tiene un serio impacto en nuestra autoestima.

Al compararnos ponemos la atención en lo que no tenemos, en lo que nos falta... Minimizamos nuestros éxitos y características únicas porque interpretamos que aquello que tienen los demás es mucho mejor. Esto termina, tarde o temprano, por dañar nuestro bienestar psicológico. Nos crea una gran sensación de disonancia y malestar. Damos casi por sentado que todo lo que evidencian los demás es lo normativo y más deseable, mientras que lo que nos define a nosotros parece defectuoso, algo que debemos cambiar o mejorar a toda costa, bien perdiendo peso, acudiendo al gimnasio o imitando a ese *influencer* que tanto nos inspira.

¿Qué dice la ciencia?

Cada vez que las personas intentamos saber cómo somos, terminamos comparando las propias características, fortunas y debilidades con las de quienes nos rodean. Usamos a los demás como espejo para vernos a nosotros mismos y esto deriva a menudo en emociones como la envidia y la frustración.

DUNNING Y HAYES

La comparación constante aniquila tu autoestima, diluye la persona excepcional que eres y emborrona lo que te hace único. Si te obsesionas en ser como los demás, al final no serás nadie.

Ejercicios para dejar de compararte desde hoy mismo

1. Siguiendo el ejemplo, describe esas situaciones (tantas como necesites) que incentiven en ti el impulso de compararte (por ejemplo, cuando estás con amigos, cuando dudas de si eres atractivo o no, cuando estás en el trabajo, en clase o cuando usas las redes sociales...). Piensa en qué estrategias podrías aplicar para reducir esa necesidad.

Situación 1: Me comparo mucho con otras personas cuando uso Instagram. ¿Qué puedo hacer para reducirlo? → Desinstalar la aplicación o disminuir el tiempo de uso.

Situación 2: ¿Qué puedo hacer para reducirla?

Situación 3: ¿Qué puedo hacer para reducirla?

2. Toma conciencia del número de veces en que tu mente cae en la trampa de la comparación. Anótalo y lleva un registro. Te darás cuenta de que lo haces de manera automática, casi sin pensar. Después, explica cómo te sientes tras haberlo hecho. La idea es que seas consciente del coste mental de esta práctica y tomes el control para reducir dicha necesidad.

¿Cuántas veces me he comparado hoy?

¿Cómo me han hecho sentir esas comparaciones?

3. Piensa en si hay alguna persona en tu vida que te hace sentir mal por cómo eres o lo que haces. Por ejemplo, ¿tu pareja te compara con alguien? ¿Lo hacía también —o lo sigue haciendo— alguien de tu familia? Reflexiona sobre ello. Tal vez sea momento de reformular muchas narrativas mentales que otros han dejado (o siguen dejando) en ti.

4. ¿Hay alguna persona o personas a las que envidies por cómo son o por lo que tienen en su vida? Reflexiona hasta qué punto esas presencias te condicionan. Tal vez debas dejar de usarlas como espejo.

5. Inicia un diario que lleve por título «Me gusto y me quiero». Celebra cada día quién eres. Apunta las cosas que has hecho a lo largo de la jornada de las que te sientas orgulloso/a. Focalízate en lo que eres y no en lo que te falta. Puedes seguir el siguiente ejemplo:

♡ Cosas que he hecho hoy de las que me siento orgulloso/a

♡ Cosas que hoy me gustan de mí.

Adiós a las etiquetas

Cuando me amé de verdad, comprendí que en cualquier circunstancia yo estaba en el lugar correcto y en el momento preciso. Y entonces, pude relajarme.

CHARLES CHAPLIN

El cerebro humano necesita etiquetar la realidad que le envuelve. No es, pues, una costumbre de unos pocos o un mal hábito en el que caemos sin darnos cuenta de vez en cuando. En realidad, estamos programados para etiquetar. Se trata de una forma de categorización social con la que otorgar cierto control o previsibilidad al mundo tan caótico y complejo que nos rodea. Esta tendencia tuvo su utilidad en el pasado. Nos sirvió de ayuda en las interacciones con otros grupos. De ese modo, identificábamos quién era de fiar, quién suponía una amenaza o quién podía ser un aliado. Sin embargo, hoy en día el uso de las etiquetas es mucho más complejo y hasta discriminativo.

Un ejemplo: nos bastan poco menos de dos segundos para sacar una conclusión sobre cómo puede ser una persona sin siquiera conocerla. Observamos su aspecto físico y su modo de vestir y ya nos hacemos una idea. Las etiquetas que se manejan socialmente se focalizan sobre todo en la raza, el género, la edad, la orientación sexual, la discapacidad... Homogeneizamos a las personas según lo que vemos a simple vista, y según también lo que nos dictan nuestros prejuicios y creencias. Y esto, evidentemente, es un riesgo, una tendencia mental claramente sesgada y peligrosa que alimenta las discriminaciones. Se nos olvida que, **para saber cómo es alguien, se necesita tiempo, empatía y apertura**. Nadie puede ni debe juzgarnos sin haberse puesto antes en nuestra piel, sin conocer nuestra realidad y sin ser sensible a nuestro universo personal.

Ahora bien, hay otro aspecto decisivo que afecta directamente a nuestra autoestima: hablamos de **las autoetiquetas**. Son descripciones que nos colocamos a nosotros mismos; son, sobre todo, **percepciones y juicios internos sobre cómo somos y nos consideramos**. Es decir, por si no tuviéramos bastante con los juicios ajenos, también nosotros nos encasillamos bajo terminologías claramente dañinas. Lo hacemos cuando nos decimos cosas como «soy torpe», «soy feo», «soy un fracasado», «soy débil», «soy demasiado sensible». Esas afirmaciones internas repiquetean en el tejido de la autoestima hasta deshilacharla, hasta llenarla de agujeros por donde se escapa día a día el bienestar.

Sin embargo, y aquí llega la auténtica particularidad, muchas de esas etiquetas no son nuestras. Otros nos las han colocado y nosotros nos las hemos creído. Sucede cuando, por ejemplo, tenemos un padre, una madre o un profesor que se pasó toda nuestra infancia o adolescencia comparándonos con otros niños y dejando caer duras sentencias sobre cómo éramos —según ellos—: «María es más espabilada y Raquel es más ingenua», «Pablo es un despistado», «Carlos es lento», «Sara es una negada para los estudios, nunca llegará a nada en esta vida», «Ernesto es el más torpe de la familia». Este tipo de mensajes son demoledores para la mente infantil o juvenil y pueden condicionarnos de muchas maneras. Por ello, es imprescindible rastrear en ese «supermercado» interno que cada uno de nosotros albergamos en nuestras narrativas psicológicas en busca de esas etiquetas que otros colocaron, y que, tristemente, aún lucimos en nuestras estanterías mentales.

El mayor desafío que tienes por delante para fortalecer tu autoestima y ser quien deseas de verdad es darte cuenta de que las etiquetas impuestas por los demás no son declaraciones objetivas reales. Son palabras huecas y malintencionadas que no merecen tu atención. No dejes que condicionen tu identidad. Lo que otros dijeron o dicen de ti solo tendrá poder sobre tu persona si tú lo permites.

Ejercicio para liberarte de las autoetiquetas

Empezaremos este ejercicio enumerando esas declaraciones negativas que te haces a ti mismo. Un ejemplo es decirte que «eres lento», «demasiado sensible», «ingenuo», etc.

AUTOETIQUETA	DECLARACIONES NEGATIVAS
1.	
2.	
3.	
4.	

El siguiente paso es preguntarte de dónde procede esa etiqueta. ¿Te la transmitió alguien de tu familia, algún profesor, alguna pareja? Si piensas que eres tú mismo/a quien se ha atribuido esa definición negativa, pregúntate la razón.

ETIQUETA	ORIGEN DE LA ETIQUETA
1.	
2.	
3.	
4.	

A continuación, profundizaremos un poco más en ti. Ha llegado el momento en que te preguntes si esas etiquetas te resultan útiles y si son realmente ciertas. Por lo general, las etiquetas se apoderan de nuestro pensamiento y rara vez las confrontamos. Pero ahora es momento de hacerlo. Sigue el primer ejemplo.

ETIQUETA	CONFRONTACIÓN
1. Soy lento.	**¿Me resulta útil esa etiqueta?** NO **¿Es cierta?** NO. A lo largo de mi vida he demostrado que entiendo las cosas con facilidad y tomo buenas decisiones. Es cierto que soy reflexivo y prudente, pero eso no es un defecto. Es una virtud.
2.	¿Me resulta útil esa etiqueta? ¿Es cierta?
3.	¿Me resulta útil esa etiqueta? ¿Es cierta?
4.	¿Me resulta útil esa etiqueta? ¿Es cierta?
5.	¿Me resulta útil esa etiqueta? ¿Es cierta?

Cómo aceptar y querer tu cuerpo

Considero que mi cuerpo es un instrumento, no un adorno.

ALANIS MORISSETTE

¿Cómo te ves a ti mismo? ¿Qué sientes cuando te miras en el espejo? ¿Tienes una buena relación con tu aspecto físico? Lo cierto es que, por mucho que nos digan aquello de que lo «más importante está en el interior», vivimos en una sociedad que nos valora por lo externo, por ese envoltorio físico que nos contiene y con el que muchas veces no nos llevamos muy bien.

La imagen corporal define la forma en que nos vemos a nosotros mismos. Si bien es cierto que detalles más objetivos como las proporciones, el peso o determinados aspectos de la piel dan forma a esa percepción, dicha construcción es puramente mental. Y ese es el auténtico problema. **La manera en que te ves casi nunca es precisa ni amable**. Cuesta muchos años llevarnos bien con nuestro aspecto físico. Por lo general, estamos muy sesgados por nuestros críticos internos, por ese juez severo que nos devalúa por lucir unos kilos de más, por tener mucho o poco pecho, por no tener suficiente altura o por no ser tan guapos como determinados referentes culturales...

De este modo, el hecho de reforzar una imagen corporal negativa puede ser devastador para la salud mental y física. Nos afecta de infinitas maneras. Uno puede dejar de relacionarse con los demás por temor a ser rechazado. Puede también odiar su imagen física e iniciar conductas peligrosas como dietas extremas o caer en trastornos de la conducta alimentaria. Una realidad que, tristemente, es cada vez más frecuente entre los jóvenes.

Por otro lado, es importante que tengas en cuenta cuáles son esos factores que influyen en tu imagen corporal. Son elementos que te condicionan, variables que calan en tu cerebro y de los que no siempre eres consciente:

- **Tu familia**. Este es el primer escenario social con el que nos encontramos al llegar al mundo, y que puede promover o dañar la construcción de nuestra autoestima. Tener unos padres que critican tu aspecto, que te comparan, insultan o ridiculizan algún aspecto de tu cuerpo hace que desarrolles una imagen negativa de ti mismo/a.

- **Entorno social** (amigos, compañeros de trabajo, parejas...). Las personas que forman parte de nuestra red social del día a día son también moldeadores de la percepción que tenemos de nuestro cuerpo. Los comentarios y la comparación influyen enormemente a la hora de tener una visión más amable o problemática de nuestra imagen física.

- **La cultura y los medios**. No dejaremos de insistir en este detalle. Vivimos en un contexto dominado por la tiranía de la belleza, del culto a la delgadez y donde se refuerza la idea sesgada de que existen «cuerpos normativos y no normativos». Los anuncios, el cine, la moda y las redes sociales son esos espejos donde nos miramos para juzgar nuestros cuerpos. Los *likes* y los *followers* son esos reforzadores que deliberan cuánto vale uno ante los demás.

¿Qué dice la ciencia?

El término «imagen corporal» fue acuñado por el psiquiatra y psicoanalista Paul Schilder en 1935. Algo que ya demostró en esa época es que las personas que no aceptan su cuerpo y tienen una valoración negativa de él sufren un progresivo desgaste en su calidad de vida. Es más, un estudio realizado en la Universidad de Carolina del Norte en 2013 descubrió que el 84 % de las mujeres experimentan insatisfacción con su cuerpo en algún momento de sus vidas.

¿CÓMO MEJORAR LA ACEPTACIÓN HACIA MI CUERPO E IMAGEN FÍSICA?

Aprender a amar tu cuerpo cuando llevas mucho tiempo teniendo una mala relación con él no es una tarea fácil. Es un trabajo que requiere de un esfuerzo constante y, sobre todo, consciente. Es decir, debes darte cuenta de cómo te hablas, a qué estímulos o imágenes prestas atención y de qué formas desprecias tu cuerpo, tu imagen y esa presencia física que define quién eres. Tenlo en cuenta, porque una vez empiezas este proceso de «autoinspección» serás consciente de algo: cuando aceptas tu imagen corporal, la vida cambia. Y esto es así porque habrás dejado atrás narrativas mentales nocivas y hasta personas que tal vez no te convenían demasiado... Es un proceso que purifica y que libera.

Estos pequeños ejercicios pueden servirte de valioso punto de partida. No dudes en estudiarlos, reflexionar sobre ellos y ponerlos en práctica cada día.

PASO 1: Firma del compromiso de mejora

Yo, ..., reconozco que no siempre tengo una buena relación con mi cuerpo. Sé que esta falta de aceptación ha afectado a mi vida de muchas maneras. Por ello, me comprometo desde hoy a iniciar el cambio. Quiero aceptar mi cuerpo y tener una relación amable con él. No voy a rendirme en este propósito. Hacerlo mediará en mi salud y autoestima.

Fecha y firma:

PASO 2: Cambio de narrativas mentales. Responde a las siguientes preguntas:

¿Por qué deseas tener una imagen diferente a la que ya tienes? ¿Piensas que si pudieras adelgazar o tener otro aspecto físico, cambiaría algo? ¿Te propocionaría mayor felicidad?

En lugar de tratar de encajar en un sistema que te enfrenta a tu propio cuerpo, ¿qué pasaría si adoptaras una nueva forma de pensar que te permitiera verte como alguien valioso y perfecto tal y como eres? ¿Crees que te sentirías mejor? ¿Por qué razón?

Piensa en todas las cosas que haces gracias a tu cuerpo: sentir, caminar, abrazar, crear, viajar, trabajar... ¿No es algo maravilloso? Deja de juzgarlo y atrévete a darle las gracias por todo lo que te permite hacer. Sigue el ejemplo:

Agradezco poder abrazar a la gente que quiero, acariciar a mi mascota y jugar con ella, bailar cuando me apetece...

PASO 3: Elimina de tus redes sociales cualquier cuenta o página que te haga sentir mal con tu cuerpo.

Sigue a personas que te permitan aceptarte, que te inspiren de manera saludable. Y deja de seguir a aquellas otras que te provoquen un sentimiento de rechazo hacia tu cuerpo.

Asimismo, si realizas esa «limpieza» en el mundo digital, haz lo mismo en el mundo real. Plantéate tus vínculos con esas personas que critican tu cuerpo o que están obsesionadas con un ideal imposible y dañino de belleza.

PASO 4: Realiza nuevas actividades que hagan que tu cuerpo se sienta bien.

Apúntate a clases de baile, haz yoga, pasea por la naturaleza, empieza a practicar un nuevo deporte que te guste...

PASO 5: El ejercicio de la aceptación

Amar tu cuerpo no es algo que suceda de la noche a la mañana. Los pequeños rituales diarios son clave para avanzar en esa dirección. También ayudan a entrenar el cerebro para que desarrolle unas narrativas mentales más amables contigo mismo/a. Para ello, te será útil este sencillo ejercicio:

1. Ponte cada día ante un espejo durante 10 minutos. Acepta lo que ves, reconcíliate con tu reflejo. No dudes en ponerte ropa con la que te sientas bien, en arreglarte como tú desees para gustarte.

2. Háblate con aprecio. Dile a esa persona maravillosa que aparece en tu espejo que es perfecta tal y como es. Convéncela de que no cambie. Recuérdale que la quieres.

3. Date las gracias por las cosas de las que te sientes orgulloso/a. También por cada logro que consigues cada día, por pequeño que sea.

4. Es muy posible que haya partes de tu cuerpo que no puedas amar. Tal vez no te agraden tus muslos, tu abdomen, tus orejas, etc. No pasa nada; basta con que las aceptes. Forman parte de ti y debes integrarlas también en tu esquema corporal. Todos tenemos rasgos o partes del cuerpo que no nos gustan, pero no por ello debemos odiarnos. Recuerda, no hay nada más maravilloso que ser «perfectamente imperfectos».

Amarte para amar mejor a los demás

Tú mismo, tanto como cualquier otro ser en el universo entero, mereces tu propio amor y afecto.

BUDA

No hay mayor infortunio que caminar por la vida con unas altas dosis de desamor propio. Imagínate verte en la situación de tener que convivir con alguien a quien no soportas durante ochenta o noventa años. Alguien que te habla mal, que desprecia lo que sientes, lo que dices y lo que piensas y que, además, no confía en ti lo más mínimo. Debe de ser horrible, ¿verdad? Imagina ahora que esa persona eres tú. En efecto, tú mismo, porque quien no tiene una buena relación consigo mismo y no se ama con locura difícilmente puede tener una vida digna, plena y, sobre todo, feliz.

Lo más irónico de todo es que si preguntamos a cualquier persona si se ama a sí misma, se cuida y se respeta, lo más probable es que diga que sí. Todo el mundo parece entender qué es el amor propio, pero en realidad, no son muchos los que lo aplican con efectividad, y quien no se aprecia a sí mismo generalmente necesita que lo hagan los demás. La persona que transita por su día a día llena de vacíos e inseguridades se conforma con cualquier sucedáneo de amor que alivie su autoestima fracturada, su falta de autoamor, sus carencias no atendidas. Así que tenlo muy en cuenta, si no te amas a ti primero de manera incondicional, tu forma de amar a los demás siempre será dañina e infructuosa. Tolerarás lo intolerable con tal de tener a alguien al lado. Derivarás en relaciones dependientes, en vínculos que duelen y dejan marca en el corazón y la dignidad.

¿Qué dice la ciencia?

La psicóloga Kristin Neff señala que el amor a uno mismo consiste básicamente en ser compasivo con tu propia persona. No se trata tanto de «quererse mucho», hasta derivar en una conducta narcisista, se trata de «quererse bien» y de atender los siguientes aspectos:

1. ser amables con nosotros mismos y evitar el diálogo interno negativo.
2. aceptarnos de manera incondicional, incluidas nuestras imperfecciones.
3. no dejar de lado nuestras necesidades, focalizándonos solo en lo que quieren o esperan los demás.

Ejercicio 1. Colorea las esferas que representen para ti el arte del amor propio

- Sentir vergüenza al expresar lo que necesito
- Tomar mis propias decisiones
- Juzgarme
- Odiar mi cuerpo
- Disfrutar estando solo
- Exigirme mucho
- No saber poner límites
- No saber decir «NO»
- Dar importancia a las críticas ajenas
- Decir «SÍ» a lo que me apetece
- Ajustarme a las expectativas ajenas
- Sentirme orgulloso/a de mí
- Enamorarme de personas que sé que me hacen daño
- Dejar que otros decidan por mí
- Luchar por mis sueños
- Perdonarme por mis errores
- Dudar de mí
- Vestir como yo quiero
- Odio defraudar a los demás
- Sentirme capaz de lograr mis sueños
- Ver solo mis defectos
- Descansar cuando lo necesito
- Priorizarme
- Ser fiel a mis valores
- Tener confianza en mí
- Establecer límites saludables

Ejercicio 2. Carta a mi querido yo. Hace tiempo que no hablamos

Querido yo, hace tiempo que no tomamos un café y hablamos de nosotros mismos. Creo que te he descuidado un poco porque:

Te prometo que a partir de ahora tú y yo nos llevaremos mejor. Sé que tenemos muchas cosas que resolver para mejorar nuestra convivencia y fortalecer el amor por nosotros mismos. Los cambios que haré para cuidarnos como nos merecemos son:

Sé que hemos pasado por malos momentos, pero si hay algo que ambos sabemos es que merecemos el mismo amor que le ofrecemos a los demás. Por ello, a partir de ahora nos recordaremos una serie de afirmaciones cada día:

Me quiero / Tengo confianza en mí /
Lo estoy haciendo lo mejor que puedo /
Me acepto / Creo en mí /
Soy inteligente, hermoso/a, valiente y capaz / Me cuido

(Continúa tú escribiendo tus propias afirmaciones positivas.)

Ejercicio 3. Practica el autocuidado

Las personas que se quieren y practican el amor propio saben que el autocuidado es imprescindible. Esto significa darnos lo que merecemos cuando lo necesitamos. Y esto implica también hacerlo sin tener cargos de conciencia. Recuerda, no eres egoísta por desarrollar tus intereses, por descansar, por dedicar tiempo a leer, por hacer ejercicio, por meditar, por comer de manera saludable, por quedar con tus amistades... En esencia, regalarte tiempo de calidad es cuidarte y fortalecer el aprecio y respeto por ti mismo. Así que organiza tus jornadas dedicando entre una y dos horas diarias a actividades que te apasionen o que siempre te han interesado y aún no te has atrevido a llevar a cabo.

ACTIVIDADES QUE ME APASIONAN	ACTIVIDADES QUE ME GUSTAN Y QUE ME GUSTARÍA PROBAR

Ejercicio 4. Poner límites para vivir mejor

Todos tenemos ese amigo o amiga que nos llama a todas horas para vernos y quedamos con él o ella aunque no nos apetezca demasiado. Asimismo, también es común que en nuestra vida haya alguna o algunas personas que sobrepasan nuestros límites emocionales y mentales, que nos turban y nos roban la paz. Tal vez sea momento de hacer cambios, de ser sinceros, de salvaguardar tu autoestima, dignidad y bienestar. Hacerlo también es cuidar del amor propio.

¿A qué personas de tu vida deberías poner límites claros?

Reflexiona sobre cómo les darías ese mensaje partiendo de la siguiente fórmula:

PERSONAS / LÍMITES	REFLEXONA EL MENSAJE
	Aprecio que... pero a partir de ahora te pido por favor que no vuelvas a...

PERSONAS / LÍMITES	REFLEXONA EL MENSAJE

RECUERDA

Crear y salvaguardar tu espacio personal es esencial para tu bienestar. Amarte a ti mismo es protegerte de lo que te hace daño. Es crear un lugar donde sentirte mental, física y emocionalmente a salvo, un refugio donde nadie te puede agredir con sus comentarios o comportamientos.

Establecer límites saludables con los demás es encontrar oxígeno en nuestras relaciones. Implica poder, además, definirnos tal y como somos sin miedo. Es decir, «Este soy yo» y esto es lo que espero de ti.

Cuento para reflexionar

Un encuentro en el parque

Clara, directora de marketing de una importante empresa, tenía ya más de cincuenta años y, sin embargo, aún no había logrado encontrarse a sí misma. Esa era su cuenta pendiente, el jirón roto del tejido de su autoestima. Lo había intentado todo. Acababa de llegar de un viaje a la India sin resultado alguno. También había estado en Nepal, en Lhasa, en el Machu Pichu, en Stonehenge y hasta en la Isla de Pascua.

De aquellos viajes acumulaba imágenes, anécdotas y bellos escenarios cargados de magia y espiritualidad, que ahora coleccionaba en un álbum de fotos y en su cuenta de Instagram. Llevaba más de veinte años leyendo todo tipo de libros sobre crecimiento personal, había acudido a conferencias, hecho terapia, compartido tiempo con las personas más inspiradoras sin que nadie, absolutamente nadie, la ayudara a revelarse, a saber quién era realmente y qué quería de la vida, cuando prácticamente ya tenía más de media cuota consumida. Maridos, exmaridos, amantes, dos hijos, amigas, examigas, compañeros de trabajo, compañeros de clase de yoga, psicólogos, profesores de *mindfulness*, de taichí, coachs... Nadie lograba poner música a sus partituras ni significado a sus interrogantes. A menudo, se sentía como una embarcación pequeñita, herrumbrada y despintada navegando a la deriva. A veces, las olas la alzaban muy alto y, solo por un momento, creía poder tocar el cielo y todas sus estrellas. Segundos después, volvía a hundirse muy muy hondo y, al poco, se acercaba demasiado a la trampa de las rocas mientras un faro le hacía guiños en la lejanía con una luz trémula que no podía distinguir.

Fue en el día de su cumpleaños cuando tuvo aquel extraño encuentro. Salió del trabajo sola para almorzar, como cada día, dispuesta a disfrutar de su ensalada orgánica en el parque que tenía justo al lado de la empresa. Se sentó en un banco y empezó a responder primero, uno por uno, a todos los mensajes que la felicitaban de las maneras más originales.

Ella, por su parte, se limitó a enviar emoticonos, rostros sonrientes, amables y festivos. Su ánimo no le permitía mayor originalidad. Mientras llevaba a cabo dicha tarea, se percató de que alguien parecía estar haciendo lo mismo. Alguien usaba el mismo tono para el envío y recepción de sus mensajes; una persona que, además, debía de estar en ese mismo instante muy muy cerca. Cuando alzó la mirada para dirigirla al banco de enfrente, la descubrió. Era una mujer. Alguien que, por alguna razón, tenía la mirada puesta en ella con descarada atención. Aún más, la escrutaba sin disimulo alguno.

En una mano sostenía el móvil, en la otra, un cigarrillo a medio consumir con la marca de su rojo pintalabios en la boquilla. Sobre sus rodillas descansaba un bolso de firma. Justo a su lado y sobre el banco tenía un tupper. Ensalada de brotes tiernos con tempeh, soja, pepino y semillas de chía y amapola. Era una mujer atractiva, entrada ya en los cincuenta. Un rostro llamativo, pero grave por su gesto, extraño por su porte y hasta aterrador por todo el conjunto de pequeños matices que orlaban su singular presencia.

En sus ojos relucía el brillo trémulo de unas lágrimas que se negaban a derramarse. Sus piernas evidenciaban unas medias con infinitas carreras, rotos por donde emergían llamativas heridas en sus rodillas, con las típicas costras que se hacen los niños al caerse. Tenía las uñas rasas y mordisqueadas. Y sus muñecas, a pesar de estar cargadas de infinita bisutería, dejaban ver diversas cicatrices, cortes ya curados por el tiempo, señales que, como el lenguaje del braille, contaban sin duda duros instantes personales. *Era ella.*

En aquel banco situado justo enfrente, había otra Clara, otra versión de sí misma que revelaba de forma descarnada muchas de sus marcas internas. Sintió un espantoso escalofrío. Se puso al instante las gafas de sol, cerró el móvil y cogió el táper para guardarlo y poder alejarse cuanto antes de aquella presencia. Pero justo cuando se levantó, la otra Clara ya estaba a su altura.

—Me gustaría hablar contigo —le dijo.

Tras escuchar aquella voz familiar sintió también la mano de su otro yo posándose delicadamente en su brazo.

—Si te parece bien podemos quedar mañana en este mismo sitio. Tú y yo. Solas. De hecho, sería estupendo poder vernos todos los días durante un pequeño rato y conversar. Nos hace mucha falta...

Clara ni tan solo se atrevió a alzar el rostro para mirarla. Se zafó de ella con desesperación, con auténtico pánico. No dijo nada. Se limitó a escapar de su otro yo a toda prisa jurándose que nunca nunca más volvería a visitar aquel parque. Antes, prefería un viaje a la India o a cualquier otro lugar que hablar consigo misma... O lo que fuera aquello.

Cómo eliminar los «debería» y «tengo que» de tu mente

Hay tres monstruos que no nos permiten avanzar:
tengo que hacerlo bien, tienes que tratarme bien
y el mundo debe ser fácil.

ALBERT ELLIS

Cada uno de nosotros arrastramos residuos emocionales de las prohibiciones, advertencias y obligaciones que determinadas personas depositaron en nuestras narrativas mentales. «Tienes que esforzarte más», «Tienes que ser el mejor», «Deberías cuidar más lo que dices y haces para no avergonzarme». Por si no tuviéramos bastante con esos mensajes sibilinos que nos inculcó nuestra familia, más tarde creamos nuestros propios mandatos internos. Lo hicimos influenciados, casi siempre, por esta sociedad que nos inocula la necesidad de ser perfectos. De este modo, y sin apenas darnos cuenta, nuestra vida alcanzó una cuota desmesurada de «debo», «debería» y «tengo que». La culpa que irradian estos sesgos distorsionan por completo nuestros valores y expectativas. Cada uno de nosotros ha construido una imagen «ideal» de quién debería ser. De este modo, cuando nuestras acciones y decisiones nos alejan de ese ideal y esas expectativas, nos sentimos mal con nosotros mismos. Nos odiamos y autocastigamos. Es más, lo que hacemos también es culpabilizar a otros de nuestra infelicidad, eludiendo así todo atisbo de responsabilidad.

Puede que, de entrada, no nos sintamos identificados con estos fenómenos psicológicos. Sin embargo, basta con dar unos pequeños ejemplos para que muchos de nosotros nos veamos reflejados en algún que otro mandato:

- «Debería ir cuatro veces a la semana al gimnasio».
- «Tengo que esforzarme en comer más sano».
- «Tengo que ser alguien en la vida».
- «Debería ser más amable con esta y aquella persona».

- «Debería bajar de peso».
- «No debo mostrar mis emociones, tengo que ser fuerte».
- «Mi pareja debería darse cuenta de lo que siento».
- «Debería llamar más a mi madre».

y así hasta el infinito...

Piénsalo... ¿Cuántos «debería» y «tengo que» acumulas ahora mismo en tu mente? Tal vez experimentes tal sobredosis de este tipo de sesgos cognitivos que apenas tengas espacio para **SER TÚ MISMO** o atender tus necesidades.

¿Qué son «los debería» y los «tengo que»?

Son exigencias extremas, normas rígidas en forma de sesgo cognitivo que contribuyen a tu preocupación y presión constante. Se alzan, además, como disparadores de la ansiedad y enemigos de la autoestima. Te imponen una serie de exigencias y presiones irrazonables que potencian tu culpabilidad, la sensación de fracaso y la constante percepción de que nunca alcanzas lo que te propones.

Recuerda: cada vez que vengan a tu mente los términos «tengo que» y «debería», piensa que en un 80 % de los casos son una trampa para la autocrítica que orquesta tu mente.

¿Qué dice la ciencia?

Albert Ellis, uno de los psicólogos más importantes del siglo XX y creador de la terapia racional emotiva conductual nos indicó que los «debería» y «tengo que» son la causa de nuestros desequilibrios emocionales, tales como la depresión y la ansiedad. Es importante saber que todos tenemos distorsiones cognitivas, pensamientos negativos o pensamientos inútiles. La clave está en tomar conciencia de que están ahí, en nuestras narrativas mentales automáticas y, entonces, CONTROLARLOS.

¿CÓMO LIBRARME DE LA TIRANÍA DE LOS «DEBERÍA» Y «TENGO QUE»?

PASO 1: Rastrea estas presencias en el curso de tus pensamientos. Una pista para lograrlo es buscar en tu mente todas esas declaraciones internas que empiezan con «debería», «debo», «yo tendría que», «tengo que...». Cada vez que identifiques una, apúntala. Entonces, tomarás conciencia de ese «sobrepeso mental» que te acompaña. Te propongo algun ejemplo:

Mi pareja debería darse cuenta de que estoy mal.

Tengo que ser perfecto/a.

PASO 2: Es momento de cuestionar y analizar todo ese conjunto de sentencias. Lo haremos de manera crítica y racional. Para ello, pregúntate lo siguiente: «¿Cómo sé si este pensamiento es correcto?», «¿Qué evidencia tengo para respaldar esta idea?». Visualízate como un fiscal que debe probar los hechos de un caso. Fíjate en los siguientes ejemplos:

Mi pareja debería darse cuenta de que estoy mal.

Mi pareja no es adivina. Soy yo quien debe decirle qué siento y qué me pasa.

Tengo que ser perfecto/a.

No tengo necesidad de «ser perfecto», esa idea intensifica. mi malestar. Me basta con ser yo, con aceptarme tal y como soy.

PASO 3: Ahora formularemos esos pensamientos en forma de deseo. Por ejemplo, ante afirmaciones como «Debo conseguir un trabajo mejor», es mucho más razonable y motivador decirnos «Me gustaría encontrar un trabajo mejor renumerado». La segunda sentencia resta presión y baja el nivel de ansiedad. Analiza estos ejemplos:

Mi pareja debería darse cuenta de que estoy mal

Me gustaría que mi pareja fuera más receptiva a mis sentimientos.

Así que se lo voy a comunicar, puesto que es una necesidad

que debe conocer.

RECUERDA

Identifica tus «debería» y «tengo que».

Analízalos de forma objetiva y descarta aquellos que sean dañinos e irracionales.

Reformula en forma de deseo tus «debería» razonables para eliminar presión.

Atrévete a no gustar

Si tienes la capacidad de amar, ámate a ti mismo primero.

CHARLES BUKOWSKI

¿Y si te atreves? Hazlo, anímate a no ser como otros esperan, sino como tú eres en realidad. Atrévete y di bien alto «No quiero», «No me viene bien», «No me apetece», «No voy a hacerlo». Di sin temor alguno que no deseas ajustarte a expectativas ajenas, que no cuenten contigo para satisfacer egos, deseos que no son tuyos, obligaciones que no van contigo. Tal vez sea el momento de aprender a decepcionar, de dejarte llevar y aceptar que no se puede gustar a todo el mundo. Desarrollar esta lección de vida es un ejercicio tremendamente útil para el bienestar mental. También un impulso extraordinario para tu autoestima.

Si la necesidad de gustar es un lastre que no puedes dejar de cargar sobre ti, no te preocupes, en realidad, es algo que nos pasa a casi todos. Esto se debe a un hecho incuestionable: nos educan desde niños en la necesidad de aprobación. Es así como se moldean buena parte de nuestras interacciones sociales. Si gustas, eres aceptado en el grupo. Si eres como todos esperan que seas, nadie te excluye, te señala, te llama raro o te critica a través de las redes sociales. Por lo tanto, un recurso básico de supervivencia en nuestro día a día es ceder, callar, disimular, decir «sí» cuando lo que deseamos es decir «no», seguir modas, imitar patrones de conducta y moldes artificiales, aunque no encajen con nuestra forma de ser.

Ajustarse a las expectativas ajenas es como calzarse un zapato que tiene una talla más pequeña que la nuestra. Lo hacemos a la fuerza, aunque duela, aunque nos hiera. El objetivo no es otro que encajar en un entorno concreto e integrarnos para no sentirnos solos, o peor aún, para no ser parias sociales. Pero ¿a qué coste? Piénsalo bien. El precio que pagamos es inmenso. Tarde o temprano llega ese momento en que acabamos totalmente desvinculados de nosotros mismos. Dejamos de ser actores principales en el teatro de la vida, para ser meros suplentes, ni siquiera actores secundarios. Asimismo, en esta era de las redes sociales nada importa tanto como «gustar». Cada like es para muchas personas combustible para la autoestima. Es así como construyen también su identidad muchos de nuestros jóvenes. Cada palabra negativa los destruye, cada crítica alimenta en ellos ideas irracionales y dudas afiladas sobre su cuerpo, sobre su personalidad, sobre su amor propio... Atreverse a no gustar en una época dominada por las redes sociales es toda una revolución.

Ser capaces de gustarnos a nosotros mismos sin tener como jueces a los demás es un acto de maravilloso atrevimiento. También de salud mental. ¿Por qué no intentarlo?

Intentar gustar a todos no te hará más feliz. Te convertirá en una víctima de las expectativas y opiniones ajenas. Te alejará de ti. El primer paso para desactivar este enfoque radiactivo y destructivo es la ACEPTACIÓN. Aceptar la persona que eres es el inicio de la mejor historia de amor.

¿Cómo desactivar la necesidad de gustar a todo el mundo?

- **Atrévete a ser AUTÉNTICO.**
- **Atrévete a decepcionar.**
- **Deja de dar valores a las críticas y comentarios ajenos.**

¿Qué dice la ciencia?

El psicólogo Alex Wood y sus colegas desarrollaron en 2008 la Escala de Autenticidad. Las prácticas para adquirir esta importante competencia de bienestar son las siguientes:

- Esfuérzate por ser tú mismo, en lugar de ser popular.
- Toma conciencia de tus necesidades.
- Date cuenta de la necesidad que hay en ti de cumplir las expectativas ajenas.
- No hagas automáticamente lo que otros te dicen o esperan que hagas.
- No te dejes influenciar por las opiniones de los demás.
- Mantente firme en lo que crees.
- Vive de acuerdo con tus valores y creencias.

La necesidad obsesiva de gustar a todo el mundo se va a acabar, pero... ¿por dónde empezar? Estas actividades te servirán de ayuda si trabajas cada día en ellas.

EJERCICIOS SOBRE LA AUTENTICIDAD

Ejercicio 1. Escribe las afirmaciones que te vengan a la mente tras leer estos inicios de frase con sus verbos:

- YO SOY ....
- YO QUIERO ....
- YO SIENTO ....
- YO CREO ....
- YO VALGO ....
- YO MEREZCO ....
- YO NECESITO ....
- YO DECIDO ....
- YO AMO ....
- YO DISFRUTO ....
- YO EXPRESO ....
- YO SERÉ ....

Ejercicio 2. Ejercicio del árbol y sus frutos

Observa durante unos minutos el árbol de la imagen superior y responde las siguientes preguntas:

Imagina que **las raíces** (que no se ven) son tus fortalezas ocultas. Esas que casi nadie conoce pero que tú sabes que están ahí, presentes, dando impulso y soporte a tu vida. ¿Cuáles son? (valentía, bondad, creatividad, resiliencia, etc.). Descríbelas. Son parte de ti y nutren tu autenticidad.

Vamos al **tronco.** Esta parte representa aquello que todos ven. Es esa área de tu personalidad que muestras a los demás y que la mayoría aprecia de ti (soy servicial, soy trabajador, soy divertido, amigo de mis amigos, etc.).

Por último, nos centramos en una **parte del árbol que aún no ha germinado**. Es un área que aún no es visible. Son sus flores, son sus frutos. Es la parte más importante y hermosa y que, sin embargo, aún no es visible porque está en proceso de evolución. Esa zona es, sin duda, la más distintiva del árbol. La que lo hace único. Son esas dimensiones que no te atreves a mostrar al mundo. Son tus pasiones, deseos ocultos, personalidad, esos matices que necesitan florecer un poco más y que darán vigor a tu autenticidad. Piensa en ellos. Descríbelos.

Ejercicio 3. El saludable arte de aprender a decepcionar

Recuerda, en esta vida no podemos satisfacer todas las expectativas ajenas. Obsesionarnos con ello solo nos provoca sufrimiento y el desgaste progresivo de nuestra identidad y autoestima. Aprender a decepcionar es autoafirmarte como persona y para ello debes aplicar la ASERTIVIDAD.

Describe esas situaciones en las que alguien de tu entorno te presiona para que hagas algo que no se ajusta a tus deseos, valores o necesidades	Ahora explica a esas personas, de manera asertiva, por qué no vas a hacer lo que esperan. Usa expresiones como «No quiero», «No puedo», «No voy a hacerlo».

Ejercicio 4. Cómo dejar de obsesionarme con las críticas ajenas

¿Piensas que estás siendo tú mismo en cada circunstancia de tu vida?.

¿Temes expresarte o mostrarte como tú quieres o deseas ante alguna persona o varias personas?

¿Qué coste tiene para ti no poder ser TÚ MISMO en esas circunstancias? Descríbelo.

Visualiza ahora que, por fin, te atreves a revelar tu auténtico ser. Imagina que expresas lo que sientes, que dejas de guardar silencio, que te muestras tal y como eres. Imagina que te atreves a tomar tus propias decisiones pasando por encima de muchas expectativas ajenas. ¿Cómo te sentirías? Descríbelo.

Ahora describe uno por uno los comentarios negativos y críticas que, según tú, expresarían esas personas al mostrarte de manera auténtica. Al lado escribe la siguiente frase que debe servirte como mantra mental para aliviar el miedo o la ansiedad: «Tus críticas me afectarán tanto como yo deje que me afecten».

CRÍTICAS	MANTRA PROTECTOR

Regulación emocional

Una emoción no causa dolor. Es la resistencia o supresión de una emoción lo que causa dolor.

FREDERICK DOBSON

Somos seres emocionales que razonan. A pesar de que, a menudo, nos insistan con que el ser humano es una criatura puramente racional, lógica y dominada por el sentido común, no es cierto. Porque si hay algo que nos define es la alegría, es el miedo, la ansiedad, la esperanza, la sorpresa, el pánico, el amor, la tristeza...

Entender ese universo de estados psicofísicos es la llave maestra del bienestar. Es más, solo quienes dominan el arte de la regulación emocional pueden transformar el miedo en calma. Solo los que saben manejar la ansiedad y el estrés cotidiano logran tener un buen dominio de su vida. Porque quien entiende y controla lo que siente reacciona mucho mejor ante todo aquello que le sucede. En esencia, tomar contacto con lo que hay dentro de ti te permite saber cómo actuar ante lo que sucede fuera.

Admitámoslo... ¿A quién no le gustaría desarrollar un poco mejor estas habilidades? Lo cierto es que la población en general tiene una cuenta pendiente con sus emociones. Nos dejamos llevar muy a menudo por ellas en lugar de comprenderlas. Nos convertimos en cautivos de las angustias, en rehenes de las tristezas, de las fobias y obsesiones hasta ceder terreno a la infelicidad. Así que vale la pena tener muy presente que convertirte en un buen gestor de tus emociones no solo te permitirá responder mejor a todo aquello que te ocurra y relacionarte con mayor eficacia; también fortalecerá tu autoestima. ¿Cómo? De la siguiente manera:

- El correcto manejo de tus emociones te permite tener una visión más positiva de la vida y, por tanto, también de ti mismo.
- También puedes afrontar la adversidad y los momentos complicados con mejores recursos. Eso fortalece tu autoimagen. Te ves como alguien más solvente. Es entonces cuando descubres que eres tu mejor aliado en las épocas complicadas.

- La correcta regulación emocional facilita el desarrollo de tu autoconciencia, es decir, la percepción de quién eres y cómo sientes el mundo que te rodea. Esta habilidad también fortalece la percepción que tienes de ti mismo.
- La regulación emocional es el mecanismo más acertado para controlar tus pensamientos y conductas. El simple hecho de tomar contacto con la emoción sentida te permite dar forma a pensamientos más ajustados y menos dañinos para actuar ante lo que te sucede. Por ejemplo, puede que tengas amigos o compañeros de trabajo que, por sus actitudes o comportamientos, te hagan sentirte mal contigo mismo. Darte cuenta de que «no estás bien» y que debes actuar ante lo que te hace daño te permite ganar en asertividad, en ser capaz de poner límites ante lo que no te conviene.

¿Qué es la regulación emocional y por qué es importante?

Las personas no solo tenemos la maravillosa capacidad de sentir emociones. También tenemos la habilidad de regularlas, de manejarlas para no dejarnos llevar por ellas. La autorregulación implica hacer una pausa entre una emoción y una acción para reflexionar sobre ella, para comprender qué mensaje quiere darnos y, de este modo, actuar de forma más acertada y poder sentirnos más efectivos y seguros de nosotros mismos.

¿Qué dice la ciencia?

Daniel Goleman señala que tanto la inteligencia emocional como la autoestima sana son habilidades que nos permiten comunicarnos eficazmente con nosotros y también con los demás. La clave para desarrollarlas con efectividad es aplicar la AUTOCONCIENCIA, la capacidad para reconocer quiénes somos, qué sentimos y qué necesitamos. A menudo la descuidamos porque vivimos en una sociedad que nos convence de que siempre es mejor dejar a un lado los sentimientos y emociones.

Actividad. Espejito, espejito... ¿cómo me encuentro hoy?

Sitúate delante de un espejo y obsérvate durante unos minutos. Seguidamente, responde las siguientes preguntas:

¿Cómo me encuentro hoy?

...

...

...

¿Qué emociones describen cómo me siento? Márcalas con una X (es normal señalar más de una)

- ☐ Triste
- ☐ Decepcionado/a
- ☐ Angustiado/a
- ☐ Feliz
- ☐ Esperanzado/a
- ☐ Entusiasmado/a
- ☐ Enfadado/a
- ☐ Estresado/a
- ☐ Contento/a
- ☐ Preocupado/a
- ☐ Vacío/a
- ☐ Avergonzado/a
- ☐ Amargado/a
- ☐ Confiado/a
- ☐ Agobiado/a
- ☐ Hastiado/a
- ☐ Ilusionado/a

Escribe ahora todas las emociones con una connotación negativa que has marcado con una X en el anterior listado. Trabajaremos sobre ellas.

...

...

...

A continuación, analizaremos cómo reaccionas ante cada una de esas emociones que refuerzan tu malestar. Sigue el ejemplo:

EMOCIÓN	REACCIÓN
ENFADO	**Pensamientos:** cuando me siento enfadado pienso en cómo debería haber reaccionado ante ciertas cosas. Le doy muchas vueltas a las situaciones y todos los pensamientos que tengo son negativos y estresantes. **Conductas:** cuando me siento enfadado oculto mi enfado. Finjo que no pasa nada.
EMOCIÓN	**Pensamientos:** **Conductas:**
EMOCIÓN	**Pensamientos:** **Conductas:**

Reenfocar para regular la emoción

A continuación, llevaremos a cabo la tarea más importante. Ya has podido analizar cómo respondes ante cada emoción sentida. Ahora es momento de regularla para poner en práctica una conducta más adecuada y positiva para ti. Esa que mejore tu estado de ánimo y que revierta en tu autoestima. Te proponemos un ejemplo.

EJEMPLO: emoción → *el enfado*

- **¿Por qué estoy enfadado? ¿Cuál es el origen? ¿Qué hay detrás de esa emoción?**

  El origen está en mi trabajo. No me siento valorado, me critican en exceso y las condiciones son precarias.
- **¿Qué cosas NO debería hacer para perpetuar esa emoción?**

  Rumiar en exceso, criticarme a mí mismo, pensar de manera catastrófica. No actuar.
- **¿Qué cosas SÍ debería hacer para sentirme mejor?**

  –Ser más asertivo, no permitir las críticas destructivas, las que no sirven de nada.

  –Ir buscando otro trabajo, pensar que esa situación negativa que estoy viviendo es temporal. Debo enviar currículums, mirar otras ofertas. Activarme para cambiar la situación que me molesta me servirá de ayuda.

  –Después de mi jornada laboral desconectaré de ese entorno. Me daré tiempo de calidad para mí mismo. Dedicaré unas horas al día a hacer lo que me gusta. De ese modo evito la rumia negativa.

Emoción 1 ....

- ¿Por qué me siento así? ¿Cuál es el origen? ¿Qué hay detrás de esta emoción?

....

....

- ¿Qué cosas NO debería hacer para perpetuar esa emoción?

....

....

- ¿Qué cosas SÍ debería hacer para sentirme mejor?

....

....

Emoción 2 ....

- ¿Por qué me siento así? ¿Cuál es el origen? ¿Qué hay detrás de esta emoción?

....

....

- ¿Qué cosas NO debería hacer para perpetuar esa emoción?

....

....

- ¿Qué cosas SÍ debería hacer para sentirme mejor?

....

....

Autoeficacia: descubriendo tu potencial

Las creencias de la gente acerca de sus habilidades tienen un gran efecto en esas capacidades.

ALBERT BANDURA

¿Qué metas o proyectos tienes en mente? ¿Confías en tus competencias, recursos y habilidades para conquistar esos sueños? Nada es tan decisivo en el viaje de la vida y en el desarrollo profesional como confiar en nuestras propias capacidades. Sin ellas, Miguel Ángel no hubiera creado la Capilla Sixtina ni Nikola Tesla nos hubiera legado tantos inventos capaces de cambiar el mundo. A veces, uno es capaz de alcanzar grandes logros a pesar de las críticas del entorno, y esto se consigue confiando en la persona más importante del mundo: tú mismo.

Si hay una dimensión psicológica en la que debemos trabajar cada día para convertirnos en auténticos ingenieros de nuestro destino es **la autoeficacia**. Esta dimensión define, precisamente, **la confianza que tenemos en nuestras capacidades y competencias**. Sin embargo, algo que sabemos gracias a numerosos estudios es que la baja autoestima altera por completo nuestra oportunidad de demostrar cuánto valemos, e incluso de tener éxito en la consecución de nuestros sueños.

- **¿Cómo son las personas autoeficaces?** Son hombres y mujeres que evidencian siempre una buena relación con ellos mismos. Son positivos, perseverantes, se sienten motivados para lograr aquello que desean, les encanta aprender, asumir riesgos, se dejan aconsejar por los expertos y no dudan en sobreponerse ante los fracasos. Además, confían en sus virtudes, potencial y habilidades para desarrollarse, para escalar en sus trabajos, para relacionarse y avanzar en su ciclo vital. Tienen, además, un enfoque mental claramente enfocado hacia el logro.

- **¿Cómo son las personas con baja autoeficacia?** Son personas pesimistas, inseguras y con escasas habilidades para manejar el estrés. Además, son más vulnerables a las profecías autocumplidas. Es decir, refuerzan sesgos cognitivos en los que anticipan que van a sucederse ciertos eventos negativos. Por ejemplo: «No vale la pena volver a iniciar ese proyecto porque me lo denegarán de nuevo», «Mejor no me presento a esa oposición porque seguro que ya están dadas todas las plazas de antemano».

¿Qué dice la ciencia?

Albert Bandura, psicólogo social y profesor de la Universidad de Stanford, fue quien definió por primera vez el término «autoeficacia» en 1977. Según él, para desarrollar esta competencia es clave saber manejar el estrés y la ansiedad, así como regular nuestro estado de ánimo. Un enfoque mental positivo y resiliente es el que nos permite hacer frente a cualquier desafío y problema para lograr nuestras metas.

CUESTIONARIO SOBRE AUTOEFICACIA

- ☐ **A.** Muy de acuerdo
- ☐ **B.** De acuerdo
- ☐ **C.** En desacuerdo
- ☐ **D.** Muy en desacuerdo

1. Veo los problemas y desafíos como tareas de las que se puede aprender y que, a la larga, puedo dominar.

☐ A ☐ B ☐ C ☐ D

2. Cuando fracaso o me equivoco intento averiguar en qué he fallado. Nunca le echo la culpa a nadie de mis errores.

☐ A ☐ B ☐ C ☐ D

3. Tengo claras mis metas y creo en mí. Sé que soy capaz de lograrlas.

☐ A ☐ B ☐ C ☐ D

4. Me recupero bastante rápido de las decepciones, los errores y fracasos.

☐ A ☐ B ☐ C ☐ D

5. Manejo bien el estrés en las situaciones complicadas.

☐ A ☐ B ☐ C ☐ D

6. Me vengo abajo cuando veo que hay personas más competentes que yo en las tareas que llevo a cabo.

☐ A ☐ B ☐ C ☐ D

7. Me frustro muy rápido cuando las cosas no salen como yo quiero.

☐ A ☐ B ☐ C ☐ D

8. No suelo consultar con gente experta cuando no sé hacer algo.

☐ A ☐ B ☐ C ☐ D

9. No creo que logre buena parte de las metas que me he propuesto.

- [ ] A
- [ ] B
- [ ] C
- [ ] D

10. Siento mucha ansiedad cuando me equivoco o no avanzo en mis proyectos.

- [ ] A
- [ ] B
- [ ] C
- [ ] D

Interpretación del cuestionario de autoeficacia

Debes sumar en cada pregunta los puntos que se indican a continuación partiendo de la opción que hayas marcado.

Preguntas del 1 al 5

A - 4 puntos
B - 3 puntos
C - 2 puntos
D - 1 punto

Preguntas del 6 al 10

A - 1 punto
B - 2 puntos
C - 3 puntos
D - 4 puntos

Resultado de la suma ....

Valoración del cuestionario de autoeficacia

Una vez contabilizados los puntos, se valora el resultado final teniendo en cuenta los siguientes tramos:

- Si la puntuación final se sitúa entre los 30 y los 40 puntos, tendremos una buena autoeficacia.
- Si la puntuación final oscila entre los 26 y 29 puntos, estaremos en un nivel de autoeficacia que convendría mejorar.
- Por último, y en caso de haber obtenido 25 puntos o menos, estaríamos ante una autoeficacia baja.

Actividad 1. Mi escala de metas y proyectos

Escribe a continuación qué metas, sueños o deseos son los que has cumplido a lo largo de tu vida. Después, describe qué metas tienes en mente para el futuro.

METAS LOGRADAS	METAS SOÑADAS

Actividad 2. Metas y proyectos futuros

Ahora trabajaremos en esas metas o proyectos futuros que tienes en mente.

METAS SOÑADAS	POTENCIANDO MI AUTOEFICACIA
Quiero aprobar una oposición	**¿Qué competencias tengo?** • Tengo los estudios adecuados. • Soy persistente. • Cuento con personas que me apoyan y asesoran. • He aprendido técnicas de gestión del tiempo y hábitos de estudio. **Confío en mí para lograrlo porque:** • Estoy capacitado para esa plaza. • Me siento motivado. • Merezco lograr mis sueños. • Estoy aprendiendo a manejar el estrés. • Cada día me siento más enfocado en mi propósito. • Sé que voy a lograrlo.
	¿Qué competencias tengo? **Confío en mí para lograrlo porque:**

Los profesores de psicología J. E. Maddux y L. J. Meier descubrieron a mediados de la década de los noventa del siglo xx que una forma de potenciar la autoeficacia es mediante la visualización y el dibujo. Es decir, el hecho de vernos a nosotros mismos conquistando nuestro sueño nos infunde ánimos y confianza. Por ello, te proponemos ahora un ejercicio interesante. Dibújate a ti mismo logrando la meta que más te ilusiona. No hace falta que seas un Leonardo da Vinci. Basta con imaginarte a ti logrando ese objetivo, relajarte mientras dibujas y pensar en que tienes valías suficientes para conseguir lo que mereces.

REAFIRMARTE: EL EMPODERAMIENTO DEL YO

El que es valiente es libre.

LUCIO ANNEO SÉNECA

En la última parte de este recorrido para fortalecer la autoestima, llegamos a un punto decisivo. Después de la transformación, después de descubrir tus valías y tus fortalezas, de recordar el valioso ser que hay en ti, es momento de empoderarte. De clarificar tu posición en la vida y decirte «Aquí estoy, trabajaré en mis sueños y en mi bienestar, no dejaré que nadie vulnere lo que soy y lo que merezco». Esta no es una tarea sencilla, porque **en la actualidad, empoderarse y vivir en plenitud es casi un acto de rebeldía**. Lo es porque implica atreverse a romper moldes, estereotipos y hasta convencionalismos. Significa dar forma a una existencia acorde a nuestros valores y necesidades. Lograrlo implica a menudo habilitarnos en un distinguido arte, el del fortalecimiento del yo, una tarea en la cual hay que saber tomar decisiones que nos permitan hacer realidad nuestras metas y deseos.

Somos conscientes de que en materia de desarrollo personal cada vez afloran más términos, más conceptos nuevos. Ahora bien, introducir esta nueva idea, la del «empoderamiento», puede sernos muy beneficioso en el momento presente. Cuando transitamos por épocas complicadas, es común tener la sensación de que estamos perdiendo el control sobre muchas de las cosas que nos rodean.

Atravesamos por un presente con muchos cambios y nuestro enfoque se dispersa y angustia ante tanta incertidumbre. Pero, recuerda, tu autoestima es tu amarre en la vida, es la brújula que te guía, al recordarte que mereces aprecio, respeto, lograr lo que deseas y, por encima de todo, quererte a ti mismo. Porque solo quien se quiere lo suficiente camina con seguridad, tanto en días de tormenta como en las épocas de calma.

Los siguientes ejercicios tienen como objetivo esto mismo: recordarte que la autoestima es un músculo. Así, de la misma manera que cada día te peinas, te arreglas o cuidas de tu alimentación, fortalecer esta dimensión psicológica requiere de una «higiene» mental muy concreta. Toma buena nota y trabaja en ella.

Ejercicio de las expresiones que merman la autoestima

1. He aquí una serie de expresiones que anulan, debilitan y oxidan tu autoestima. Préstales atención, son las siguientes:

NO PUEDO
DEBERÍA
TENGO QUE
MEJOR NO LO INTENTO
NO SÉ
NO ME DEJAN
LOS DEMÁS PIENSAN QUE
NUNCA PUEDO
ME DA MIEDO QUE

2. Valora si en el momento complicado que estás viviendo ahora te resuenan alguna o varias de estas sentencias. Es muy común que en nuestras narrativas mentales integremos este tipo de expresiones que, en un 80 % de los casos, son debilitadoras del bienestar. No solo reducen la autoestima, sino que bloquean el potencial que hay en ti para resolver desafíos.

Expresiones que limitan mi autoestima y que he detectado en mí
Ejemplo: *Tengo miedo a no encontrar un trabajo. Estoy en paro y no sé qué hacer.*

3. A continuación, te damos una serie de expresiones que pueden servirte de comodín cotidiano para fortalecer tu autoestima. El objetivo es que transformes en positivo esas ideas de connotación negativa y debilitante que ahora mismo dominan tu mente. Hazlo usando estos verbos y siguiendo el ejemplo:

YO PUEDO
YO MEREZCO
YO VALGO
YO DECIDO
YO SIENTO
YO CONFÍO

Reformulación en positivo
Ejemplo: *Yo confío en que encontraré otro trabajo. Yo valgo para desempeñar esa tarea laboral en la que tengo experiencia. Yo siento que lo voy a conseguir.*

Asertividad

En la vida te tratan tal y como tú enseñas a la gente a tratarte.

WAYNE DYER

Señalaba Tácito, el célebre historiador del Imperio romano, que nada ofrece más felicidad al ser humano que pensar lo que se desea y decir lo que se piensa. Es cierto, sin embargo, que ese proceso debe hacerse con un componente indispensable: el respeto. Es este elemento nuclear el que se echa un tanto en falta en nuestra cotidianidad. Hay quien expresa lo que quiere y lo que desea, pero lo hace con un tono y unas formas que agreden. Porque, aunque la lengua no tenga huesos, también hace daño cuando golpea con ciertas palabras. Hablar con respeto, reclamar lo que se desea, saber llegar a acuerdos e incluso discrepar debe hacerse con inteligencia y también con elegancia. Por ello, nada es más importante que entrenarnos en **la asertividad, una habilidad social que nos permite expresar nuestras opiniones, deseos y sentimientos de manera firme pero respetando siempre a los demás**. Se trata de un ejercicio de bienestar que fortalece nuestra autoestima y que, además, facilita la convivencia.

La asertividad es una competencia clave para disfrutar de relaciones respetuosas y significativas. Es una dimensión que necesita de la inteligencia emocional para poder llevar a cabo una comunicación efectiva, clara y respetuosa. Gracias a la asertividad podremos decir en voz alta lo que queremos, sentimos y deseamos de forma serena, sin dejarnos llevar por la rabia, el miedo o la vergüenza.

Desde un punto de vista emocional, a medida que logres ser más asertivo notarás cómo experimentas menos ansiedad y estrés. Al fin y al cabo, nada es tan catártico como expresar lo que se lleva dentro, como desenredar el nudo de la preocupación y decir con claridad lo que turba, lo que es injusto o lo que se necesita con calma. Además, otro aspecto enriquecedor de la asertividad es que quien la aplica de manera efectiva no recurre nunca más a la comunicación violenta ni tampoco a la comunicación pasiva. Es decir, ni agrede con sus palabras ni elude hablar de lo que le preocupa por miedo o indecisión. Ser dueño de tus respuestas, poder expresar en ellas todo lo que sientes de manera respetuosa, es una herramienta de vida que todos deberíamos desarrollar mucho más.

¿Qué dice la ciencia?

La Universidad de Miyazaki, en Japón, realizó un estudio en 2017 para demostrar cómo la capacitación en asertividad mejora la satisfacción laboral. Entrenaron en esta habilidad a varios equipos de enfermeras en diversos hospitales y con ello no solo mejoraron la relación entre ellas, sino también la atención a los pacientes.

RECUERDA

Hay un poder liberador en saber decir «NO». El problema es que esta palabra tiene inculcada una connotación cultural negativa en nosotros. Asumimos que decir «no» denota egoísmo, falta de respeto, pereza o falta de confianza. Ahora bien, el auténtico problema, en realidad, está en decir «Sí» de manera compulsiva a todo. Es momento de interiorizar el NO como una estrategia positiva con la que poner límites a lo que no queremos en cada momento. Y esto no solo nos beneficia a nosotros. También ofrece información de valor al otro para que sepa qué puede esperar de nosotros.

RESPONDE CON VERDADERO (V) O FALSO (F)

1. Suelo pedir ayuda cuando no sé hacer algo o necesito que me orienten en algún aspecto. ▢
2. Me cuesta bastante decir «no» a un amigo cuando me pide algo, a pesar de saber que se está aprovechando de mí. El peso de la amistad hace que me cueste negarme. ▢
3. Cuando me comunico, lo que más me preocupa es lo que puedan pensar de mí. ▢
4. No me dejo influir por nadie. Ni por familiares, ni por jefes, ni por amigos, ni por compañeros de trabajo ni por mi pareja... Si hay algo que no es acorde a mis valores o que no quiero hacer, lo dejo claro. ▢
5. Cuando hay algo que me molesta, lo digo bien claro. Aunque, a veces, pierdo los papeles y me dejo llevar en exceso por las emociones. Esto hace que más de una vez me arrepienta de lo que digo. ▢
6. He normalizado no decir siempre lo que pienso o deseo, sobre todo en mis relaciones de pareja. Casi sin darme cuenta acabo priorizando lo que necesita o me pide la otra persona. ▢
7. Me gustaría ser más resolutivo a la hora de expresarme. Muchas veces la ansiedad y la inseguridad hacen que termine callándome por miedo a no hacerme entender o meter la pata. ▢

Analiza las respuestas que has dado a estas cuestiones. ¿Piensas que eres una persona asertiva o que deberías desarrollar un poco más esta competencia?

Actividad 2. Elige con quién quieres ser más asertivo

El siguiente ejercicio requiere que pienses en un par de personas con las que te gustaría ser más asertivo/a. Tal vez te gustaría poder comunicarte de manera más sincera con algún compañero de trabajo, con tu madre, con algún hermano, con un amigo o incluso con tu pareja. Escribe los nombres en la tabla y sigue las estrategias que se indican.

Nombre de la persona: Silvia, mi mejor amiga	
¿Qué quiero de ella?	Que deje de enfadarse porque no respondo sus mensajes de manera inmediata.
¿Cuándo tendré esa conversación con ella?	Mañana por la tarde.
Guion que puedo usar para hablar con ella de manera asertiva: Entiendo que..., respeto que..., pero lo que me gustaría es que tú...	Silvia, entiendo que necesites que te responda al instante. Pero hay algo que me gustaría que entendieras. No siempre podré responderte al segundo. Es más, el hecho de que lo haga una hora o un día después no significa que te aprecie menos. Te responderé, pero cuando me sea posible.

Nombre de la persona: ....

¿Qué quiero de ella?

¿Cuándo tendré esa conversación con ella?

Guion que puedo usar para hablar con ella de manera asertiva:
Entiendo que..., respeto que..., pero lo que me gustaría es que tú...

Nombre de la persona: ....

¿Qué quiero de ella?

¿Cuándo tendré esa conversación con ella?

Guion que puedo usar para hablar con ella de manera asertiva:
Entiendo que..., respeto que..., pero lo que me gustaría es que tú...

Vivir sin necesitar (en exceso) la aprobación ajena

Si conociéramos el verdadero fondo de todo,
tendríamos compasión hasta de las estrellas.

GRAHAM GREENE

Y tú... ¿Eres un camaleón social? ¿Te adaptas a cada persona diciéndole aquello que espera, siendo como ellos quieren que seas para lograr así su aprobación? Entonces, en ese intento por hacer felices a los demás, te estarás dirigiendo día tras día hacia el patíbulo de la infelicidad.

Puede que durante un tiempo esa práctica te haya proporcionado algún beneficio. Al fin y al cabo, a todo el mundo le agrada recibir una palmada en la espalda, una mirada de complicidad y sentir que formamos parte del grupo. Es lo que busca, por ejemplo, ese hijo adulto que no duda en seguir cada recomendación de sus padres sobre cómo vivir su vida. El miedo a decepcionarles es tan grande que a sus cuarenta años teme llevar a casa una pareja que no guste a la familia. Más aún, no ha conquistado muchos de sus sueños porque si hay algo que le asusta es la desaprobación de sus progenitores.

La necesidad de la aprobación de los demás consume toda nuestra energía vital. Nos deja bajo mínimos. A veces, el miedo al abandono por parte de nuestra pareja es tan elevado que nos ajustamos a todos sus deseos, expectativas y necesidades sin pensarlo. Hasta el punto de darle oxígeno, aunque nosotros tengamos que dejar de respirar. Sucede lo mismo con el temor al despido en el trabajo. Buscamos el reconocimiento de nuestros jefes a toda costa para no perder el empleo... pero ¿a qué precio? A uno inmenso: la salud física y la psicológica se ven seriamente afectadas.

Ahora bien, es cierto que en muchas de nuestras relaciones necesitamos de una adecuada validación externa. La necesita el niño para crecer y desarrollarse emocionalmente al saberse amado, al percibir que es querido y aceptado tal y como es. Es normal también que, cuando logramos nuestro trabajo soñado o tenemos una cita maravillosa con la persona que nos gusta, necesitemos compartirlo con nuestras amistades para que validen nuestros éxitos y nuestra sensación de bienestar. Esto no tiene nada de problemático. Todo lo contrario: es positivo y enriquecedor. Sin embargo, el peligro llega cuando nos volvemos adictos a los refuerzos externos. Es lo que le sucede a la persona que se desvive por un puñado de *likes* en sus redes sociales. Lo vemos también en aquellas otras que necesitan que los demás les digan lo inteligentes o atractivas que son para recuperar la confianza en ellas mismas.

En el momento en que la necesidad de aprobación ajena no es puntual, sino que se convierte en un hábito, tenemos un problema.

¿Qué dice la ciencia?

En un interesante estudio realizado en 2016 por la Universidad Anglia Rubskin, Reino Unido, se demostró que aquellas personas que habían recibido una buena validación emocional en la infancia por parte de sus madres buscaban menos la aprobación de los demás. Su autoestima era más saludable y confiaban en sus fortalezas, virtudes y competencias. Ahora bien, aquellos niños que no habían recibido una buena atención por parte de sus progenitores o, por el contrario, habían tenido una atención excesiva y una gran sobreprotección eran quienes más necesitaban de los refuerzos externos.

Actividad 1. Detectar al camaleón social que hay en ti

Reflexiona sobre las siguientes cuestiones y valora si sí (S) definen tu comportamiento o no (N).

- ☐ ¿Cambias o suavizas un comentario cuando te das cuenta de que la persona con la que hablas te está desaprobando por lo que dices?
- ☐ ¿Haces cumplidos poco sinceros a las personas solo por llevarte bien y lograr su aprobación?
- ☐ ¿Te preocupas mucho cuando alguien no está de acuerdo contigo, tanto que terminas incluso dudando de ti?
- ☐ ¿Dices que sí y expresas aprobación, a pesar de no estar de acuerdo con lo que te están diciendo?
- ☐ ¿Te asusta decepcionar a tu familia?
- ☐ ¿Necesitas que los demás te digan cuánto vales para confiar en tus propias competencias?
- ☐ ¿Pides permiso aun cuando no es necesario?
- ☐ ¿Te disculpas por casi todo?
- ☐ ¿Intentas persuadir a las personas que te rodean para que te hagan cumplidos porque solo así tomas conciencia de lo que vales?

¿Qué reflexiones has obtenido de las preguntas anteriores?

Actividad 2. El diario de autoapreciación

El diario de autoapreciación es un valioso ejercicio que te permitirá alcanzar varios objetivos: el primero, sentirte cada vez más orgulloso por tus logros; el segundo, necesitar menos las validaciones externas. Para ello, escribe cada día los logros que has hecho, lo que has aprendido, lo que te gusta de ti... Describe también esas situaciones en las que has sido fiel a ti mismo y te has atrevido a ser tú en toda tu esencia. Rellena esta hoja para que te sirva de ejemplo en tu propio diario.

DIARIO DE AUTOAPRECIACIÓN

Fecha: ....

Cosas que he logrado hoy y de las que me siento orgulloso/a: ....

....

....

Cosas que he aprendido: ....

....

Decisiones que he tomado: ....

....

Lo que me gusta de mí hoy es: ....

....

Soy responsable de mi vida

Cuando eres fiel a ti mismo en lo que haces, ocurren cosas fascinantes.

DEBORAH NORVILLE

Eres responsable de ti mismo. Tú respondes de tus actos, tú asumes las consecuencias de tus acciones, de tus palabras y decisiones en cada instante. Solamente tu mente y tu corazón pueden decirte qué hacer o qué no hacer en cada momento. Piénsalo bien, porque algo así te convierte en una persona libre, en alguien capaz de construir su propio destino.

Decía Viktor Frankl —neurólogo, psiquiatra, filósofo austríaco y superviviente de varios campos de concentración nazis— que la libertad no es concebible sin el sentido de responsabilidad. Y esta es una verdad evidente que a menudo descuidamos. Muchos nos concebimos a nosotros mismos como seres maduros y autorrealizados, hombres y mujeres con capacidad suficiente para asumir las metas que nos proponemos. Sin embargo, hay un hecho que se ve con excesiva frecuencia. Seguimos culpando a otros de nuestros malestares, fracasos y sufrimientos. Culpamos a nuestros padres, por cómo nos criaron. Proyectamos las culpas en nuestros jefes, por tratarnos mal; en los políticos, por restarnos derechos y oportunidades. «Es que no nos dejan vivir», decimos. «Es que el mundo es injusto», nos quejamos.

A veces, nuestra infelicidad es el resultado de esa relación de pareja dependiente y dañina de la que, en realidad, no nos atrevemos a salir. En otras ocasiones, hay quien enfatiza que su inseguridad, sus miedos y su baja autoestima se deben a esa educación autoritaria que recibieron de niños. Lo cual, evidentemente, suele ser cierto. No obstante, se posicionan en esa indefensión de por vida como si ya no hubiera remedio, como si no existiera posibilidad de cambio, de afrontar las heridas del ayer. Olvidan que la sanación también es un ejercicio de responsabilidad hacia uno mismo para que el pasado no les defina.

Como bien decía el psicoterapeuta Albert Ellis, los mejores años de nuestra vida son aquellos en los que asumimos, por fin, que los problemas son solo nuestros. Nada es culpa de nuestra madre, de la ecología o de la política. Cuando uno se da cuenta de esto, asume el control de su propio destino.

Culpabilizar a otros de tu infelicidad no hace más que supeditarte al inmovilismo. Tienes que actuar, tienes que ser responsable de ti mismo y responder ante lo que no quieres en tu vida, luchar por aquello que deseas y aceptar también lo que no puedes cambiar.

¿Qué dice la ciencia?

Abraham Maslow fue un reconocido psicólogo humanista que nos legó la famosa teoría de la pirámide de las necesidades humanas. En su libro *El hombre autorrealizado* (1962) estableció que, si desarrollamos una buena responsabilidad personal, lograremos cumplir nuestras metas más elevadas para sentirnos realizados como personas.

Actividad 1. Ser responsable

Lee el siguiente recordatorio y, a continuación, reflexiona sobre las preguntas planteadas.

Ser responsable es hacer lo que crees conveniente en cada situación, sin dejarte llevar por el miedo. Es, también, saber decidir para liderar tu vida hacia la dirección deseada.

1. ¿Sientes que tu vida lleva actualmente el rumbo que tú deseas?
2. ¿Hay alguien que está decidiendo por ti? ¿Hay una o varias figuras que están asumiendo responsabilidades que, en realidad, debes asumir tú? Por ejemplo, es posible que tu pareja o tu familia estén limitando tu libertad y capacidad de acción.
3. ¿Estás tú, quizá, asumiendo responsabilidades que no te corresponden? Puede que en el trabajo o en tu familia cargues con tareas que son de otros.
4. Piensa en cinco decisiones que, a día de hoy, te permitirían sentirte mucho mejor. Más libre, más realizado/a, con mayor control sobre tu vida.

Actividad 2. Decidir por ti mismo

Reflexiona de nuevo en el mensaje del recuadro y responde a las preguntas planteadas.

Ser responsable implica no permitir que otras personas decidan por ti. Significa, por encima de todo, dar un gran «SÍ» a todo aquello que te conviene y deseas, y un gran «NO» a lo que te aleja de tus esencias, valores, prioridades y sentido.

Piensa con calma y detenimiento qué dimensiones o realidades SÍ deseas ahora mismo para tu vida. Son esas cosas que deseas conquistar pero que, por miedo o indecisión, aún no has logrado.

1. ....
2. ....
3. ....
4. ....

A continuación, valora esas dimensiones a las que, por responsabilidad a ti mismo y tu bienestar, deberías decir «NO». Tal vez haya determinadas personas cuyas conductas ya no quieres tolerar. Puede que se produzcan situaciones que no quieres experimentar de nuevo. También es posible que existan determinadas dimensiones en ti mismo que deseas resolver (no más miedos, no más inseguridades, etc.). Escríbelas.

1. ....
2. ....
3. ....
4. ....

Plan de acción para cuidar cada día de mi autoestima

Lo esencial es invisible a los ojos.

DEBORAH NORVILLE

Hay algo que nadie te podrá quitar jamás: la estima hacia ti mismo. El amor hacia tu propia persona. La valoración positiva que puedes y debes ofrecerte. Bien es cierto que habrá momentos de bajón, días grises en los que uno no se soporte demasiado y prefiera desconectar con cualquier cosa... con un libro, con una película, con un paseo, una charla con amigos... Es permisible. Los malos días no son el fin del mundo. Son momentos puntuales de malestar que, tal y como vienen, deberían irse.

Ahora bien, es importante recordar que la autoestima no es un concepto estable. No es algo que uno trabaja, conquista y se conserva en buen estado hasta el fin de su existencia. Esta área de nuestra arquitectura mental y emocional suele ser muy voluble. Una experiencia adversa y se viene abajo. Una decepción, una época de estrés, una ruptura afectiva o un despido laboral y esta piedra preciosa del bienestar humano se quiebra. Debemos, por tanto, ser artesanos de nuestra autoestima, atenderla como *El Principito* atendía a su rosa en su pequeño planeta. Porque lo esencial, lo verdaderamente importante en nuestras vidas, no se ve, pero nos insufla oxígeno, nos aporta energía y vitalidad para luchar por lo que queremos, para estar bien con nosotros mismos y poder, así, relacionarnos mucho mejor con los demás y conquistar nuestros objetivos.

¿Qué dice la ciencia?

En un trabajo de investigación llevado a cabo en 2004 por los psicólogos J. Crocker y L. E. Parkh, ambos profesores de la Universidad de Houston, Texas, se demostró que muchas veces las personas nos pasamos la vida buscando fuentes externas que refuercen nuestra autoestima. Estas fuentes pueden ser una nueva relación afectiva, un grupo de amigos, un trabajo, etc. Hacerlo de este modo no siempre revierte en nuestra felicidad. La mejor técnica para aumentar la autoestima es aquella que se centra en un trabajo interno cotidiano. Porque, si no estás bien contigo mismo, no estarás bien con nadie.

Actividad para cuidar la autoestima

***Checking* diario**. Cada mañana, cuando te levantes, debes tener presente estas tareas. Márcalas con una X para tenerlas en cuenta y cuidar así de tu autoestima.

- Recordar mis valores y fortalezas ☐
- Aceptarme y hablarme como hablaría a mi mejor amigo ☐
- Perdonarme por mis errores / fracasos y aprender de ellos ☐
- Poner límites a lo que no me gusta o no me apetece ☐
- Evitar compararme con los demás y sentirme inferior por ello ☐
- Evitar que los demás me manipulen o coarten mi libertad o decisiones ☐
- Cuidarme, dedicar tiempo a mis aficiones, amistades, a estar solo/a con mis pensamientos ☐
- Recordarme que soy alguien valioso, digno de ser amado y de conquistar sus sueños ☐
- Aceptar y entender mis emociones, regularlas y hacer cambios para sentirme mucho mejor ☐
- Recordar que soy responsable de mí mismo. Que si algo no me gusta debo cambiarlo, sin tener que culpar a otros de lo que me pasa ☐
- Trabajar en mis creencias limitantes, en mis «no puedo», «tengo miedo» o «creo que todo saldrá mal» ☐
- Ser asertivo/a, decir «NO» cuando es necesario y «SÍ» cuando me apetece ☐
- Revisar mis pensamientos para saber si hay algo que me preocupa en exceso y resolverlo lo antes posible ☐
- Mantener unos hábitos de vida saludables: alimentación, deporte... ☐
- Elegir bien a las personas que forman parte de mi vida ☐

LISTA DE TAREAS DIARIAS QUE DEBES LLEVAR A CABO

– *Conecta contigo de manera positiva*

Descubre aficiones nuevas, aprende, conoce gente interesante, ponte retos que te sirvan para descubrir hasta dónde puedes llegar. La vida siempre será más significativa si mantienes una relación positiva contigo y te permites disfrutar, acumular experiencias y sabiduría.

– *Pregúntate cada día qué quieres y qué necesitas*

Tus necesidades pueden variar cada cierto tiempo. Es necesario que establezcas un diálogo cotidiano contigo mismo para descubrir qué necesitas, qué cambios te harían sentir mejor y qué metas te darían un nuevo impulso.

– *Lee y escribe*

La lectura y la escritura son mecanismos de autodescubrimiento y también de libertad. A veces un libro puede cambiarte la vida. La escritura puede ser revulsiva: te permite sacar fuera los nudos atascados que hay adentro.

– *Atrévete*

Felicidad es vivir sin miedo. Reta a tus temores cada día y ve conquistando nuevas valías, nuevos objetivos. Demuéstrate de lo que eres capaz y mejorarás la visión que tienes de ti mismo.

– *Acéptate tal y como eres*

Quiérete, acéptate, trabaja en tu bienestar, en tu potencial, pero no intentes nunca ser alguien que no eres. Más vale ser tú mismo que intentar ser como todos.

REDACTA AHORA TU PLAN DE ACCIÓN PARA CUIDAR HOY DE TU AUTOESTIMA

¿Qué vas a hacer para conectar mejor contigo mismo?

....

....

¿A qué le vas a decir «SÍ»?

....

....

¿Aplicarás algún tipo de límite a alguien? ¿A qué le dirás «NO»?

....

....

¿Qué tareas o experiencias de autocuidado piensas hacer?

....

....

Escribe 3 mantras o frases que pueden servirte para afrontar el día de hoy (por ejemplo, «Merezco lo que deseo», «Nadie es mejor que yo», «Yo no soy mejor que nadie»).

1. ....
2. ....
3. ....

Mi declaración de autoestima

por la psicoterapeuta Virginia Satir, *Self Esteem*, 1975

En todo el mundo, no hay nadie como yo.
Hay personas que tienen algo en común
conmigo, pero nadie es exactamente como yo.
Por lo tanto, todo lo que surge de mí
es verdaderamente mío
porque yo sola lo escogí.
Soy dueña
de todo lo que me concierne,
de mi cuerpo,
incluyendo todo lo que hace;
mi mente,
incluyendo todos sus pensamientos e ideas;
mis ojos,
incluyendo las imágenes de todo lo que contemplan;
mis sentimientos, sean lo que sean,
ira, gozo, frustración,
amor, desilusión, excitación;
mi boca
y todas las palabras que de ella salen,
corteses, tiernas o rudas,
correctas o incorrectas;
mi voz,
fuerte o suave,
y todas mis acciones,
ya sean para otros o para mí misma.
Soy dueña de mis fantasías,
mis sueños, mis esperanzas, mis temores.
Soy dueña de todos mis triunfos y logros,
de todos mis fracasos y errores.
Como soy dueña de todo mi yo,
puedo llegar a conocerme íntimamente.
Al hacerlo, puedo amarme,

y ser afectuosa conmigo en todo
lo que me forma.
Puedo así hacer posible que todo lo que soy
trabaje para mi mejor provecho.
Sé que hay aspectos de mí misma
que me embrollan,
y otros aspectos que no conozco.
Pero mientras siga siendo afectuosa
y amorosa conmigo misma,
valiente y esperanzada,
puedo buscar las soluciones a los embrollos
y los medios para llegar a conocerme mejor.
Sea cual sea mi imagen visual y auditiva,
diga lo que diga, haga lo que haga,
piense lo que piense y sienta lo que sienta
en un instante del tiempo,
esa soy yo.
Esto es real y refleja dónde estoy
en ese instante del tiempo.
Más tarde, cuando reviso cuál era mi imagen
visual y auditiva, qué dije y qué hice,
qué pensé y qué sentí,
quizás resulte que algunas piezas no encajen.
Puedo descartar lo que no encaja
y conservar lo que demostró que sí encaja.
E inventar algo nuevo en vez de lo que descarté.
Puedo ver, oír, sentir, pensar, decir y hacer.
Tengo las herramientas para sobrevivir;
para estar cerca de otros,
para ser productiva,
y para encontrar el sentido y el orden del mundo
formado por la gente y las cosas que me rodean.
Soy dueña de mí misma
y por ello puedo construirme.
Yo soy yo
y estoy bien.

NOTA FINAL

Llegamos al final de este viaje con un sencillo deseo: que hayas concluido este recorrido a través de ejercicios y de trabajo personal con la sensación de que algo nuevo ha germinado en ti. Esperamos, ante todo, que hayas podido reflexionar sobre diferentes aspectos de tu persona, para mejorar, para iniciar un cambio transformador. A veces es bueno confrontarnos, situar la mirada en la cerradura del propio ser con la intención de reordenar algún aspecto, desenredar nudos y ventilar espacios con nuevas brisas cargadas de conocimientos.

Dar forma a tu mejor versión requiere un esfuerzo cotidiano del que, sin duda, ya eres plenamente consciente. Ahora la responsabilidad es tuya. Es momento de florecer, de dar un paso hacia delante sin miedo para afrontar tu presente y tu futuro con mejores valías. La autoestima es tu brújula en el viaje de la vida. Mantenla bien calibrada, guíate por tus valores, por tus conocimientos, templanzas e intuición, y conquista todas tus metas.

Ha sido un placer compartir esta experiencia a tu lado. Sigue creciendo, explora, descubre, conecta con la vida y disfrútala como mereces: con calma, bienestar y felicidad. Siempre a tu lado.

La mente es maravillosa

BIBLIOGRAFÍA

Bandura, A., *Teoría del aprendizaje social*, Barcelona, Espasa Calpe, 1987

Bardales, K., y Jiménez, M. T., *Psicología social: pasado, presente y futuro*, Cali, Universidad del Valle e Instituto de Psicología, 2006

Beck, A. T., *Diagnosis and Management of Depression*, Filadelfia, University of Pennsylvania Press, 1967

Branden, N., *Honoring the self*, Los Ángeles, J. P. Tarcher Inc., 1983

—, *La psicología de la autoestima*, Barcelona, Paidós, 2001

Crocker, J. y Parkh, L. E., «Seeking self-esteem: Construction, maintenance, and protection of self-worth», en M. Leary & J. Tangney (eds.), *Handbook of Self and Identity*, 291-313, Nueva York, Guilford Press, 2004

Csikszentmihalyi, M., *Flow, the psychology of optimal experience*, Nueva York, Harper & Row, 1990

Cyrulnik, B., *Los patitos feos*, Barcelona, Gedisa, 2002

Ellis, A., y Grieger, R., *Manual de terapia racional-emotiva*, 2 vols., Bilbao, Desclée de Brouwer, 1990

Maddux, J. E. y Meier, J. L., «Self-efficacy and depression», en J. E. Maddux (ed.), *Self-efficacy, adaptation, and adjustment: Theory, research and application*, 143-169, Nueva York, Plenum, 1995

Maslow, A. H., *Hombre autorrealizado: hacia una psicología del ser*, Barcelona, Kairós, 1973

McKay, M., Fanning, P., Honeychurh, C., y Sutker, C., *Tú vales más de lo que piensas: cree en ti y despierta tu autoestima*, Barcelona, Robinbook, 2010

Rojas Marcos, L., *La fuerza del optimismo*, Madrid, Aguilar, 2005

Rojas, E., *Vive tu vida: la autoestima en las distintas etapas de la vida*, Barcelona, Planeta, 2013

Seligman, M., *Indefensión*, Madrid, Debate, 1983

—, *Niños optimistas*, Barcelona, Debolsillo, 2005

—, *La vida que florece*, Barcelona, Ediciones B, 2012